TAIVAS

II

Ja ne kaksitoista porttia olivat kaksitoista helmeä;
kukin portti oli yhdestä helmestä;
ja kaupungin katu oli puhdasta kultaa,
ikäänkuin läpikuultavaa lasia.
(Ilmestyskirja 21:21)

TAIVAS
II

Täynnä Jumalan Kirkkautta

DR. JAEROCK LEE

URIM
BOOKS

TAIVAS II : Täynnä Jumalan Kirkkautta
Englanninkielinen alkuteos
HEAVEN II: Filled with God's Glory by Dr. Jaerock Lee

Julkaisija Urim Books (Edustaja: Seongnam Vin)
235-3, Guro-dong 3, Guro-gu, Seoul, Korea
www.urimbooks.com

Copyright©2010 by Dr. Jaerock Lee
ISBN: 978-89-7557-387-3, ISBN: 978-89-7557-385-9 (Sarja)
Suomenkielisen laitoksen Copyright©2010 by Dr. Esther K Chung.
Käytetty luvalla.

Julkaistu aikaisemmin koreaksi 2004, Urim Books, Seoul, Korea

Ensimmäinen painos kesä/heinäkuu 2010

Toimittanut: Geumsun Vin
Kääntäjä: Petri Suila
Suunnittelu: Editorial Bureau of Urim Books
Painaja: Yewon Printing Company
Lisätietoja varten ota yhteyttä: urimbook@hotmail.com

 Esipuhe

Rukoillen, että sinusta tulisi Jumalan uskollinen lapsi ja että sinä saisit nauttia todellisesta rakkaudesta Uuden Jerusalemin ikuisessa onnellisuudessa ja ilossa, jossa Jumalan rakkaus on ylitsevuotavaista...

Minä kiitän ja ylistän Isä Jumalaa joka on paljastanut minulle taivaan elämää ja siunannut meitä julkaisemaan teoksen *Taivas I: Kristallinkirkas ja Kaunis,* ja nyt myös teoksen *Taivas II: Täynnä Jumalan Kirkkautta.*

Minä olin jo kauan halunnut oppia tuntemaan taivaan yksityiskohtaisesti, ja minä rukoilin ja paastosin sen tähden. Seitsemän vuotta myöhemmin Jumala vihdoin vastasi minun rukouksiini, ja nyt hän paljastaa syvempiä salaisuuksia hengellisestä maailmasta.

Kaksiosaisen *Taivas*-sarjan ensimmäisessä osassa minä esittelin lyhyesti taivaan eri asuinsijat, jakaen ne Paratiisiin,

Ensimmäiseen Kuningaskuntaan, Toiseen Kuningaskuntaan, Kolmanteen Kuningaskuntaan sekä Uuteen Jerusalemiin. Sarjan toinen osa tutkii yksityiskohtaisemmin taivaan kauneinta ja kunniakkainta asuinsijaa, Uutta Jerusalemia.

Rakkauden Jumala paljasti Uuden Jerusalemin apostoli Johannekselle ja Hän salli hänen

kirjata näkynsä Raamattuun. Tänään Jeesuksen paluu on lähellä, ja Jumala valuttaa Pyhää Henkeä lukuisten ihmisten päälle ja paljastaa taivaan salaisuuksia yksityiskohtaisesti. Hän tekee näin jotta ympäri maailmaa olevat ihmiset jotka eivät ole uskossa tulisivat uskomaan taivaasta ja helvetistä koostuvaan kuolemanjälkeiseen elämään, ja jotta ihmiset jotka tunnustavat uskonsa Kristukseen eläisivät voitokkaita elämiä Hänessä ja ponnistelisivat levittääkseen evankeliumia ympäri koko maailman.

Tämän tähden pakanoiden evankelioimisesta vastuussa ollut apostoli Paavali torui hengellistä poikaansa Timoteusta, sanoen: *"Mutta ole sinä raitis kaikessa, kärsi vaivaa, tee evankelistan työ, toimita virkasi täydellisesti"* (2. Tim. 4:5).

Jumala paljasti minulle taivaan ja helvetin kirkkaasti jotta minä voisin levittää tämän näyn tulevaisuudesta maailman joka kolkkaan. Jumala tahtoo ihmisten pelastuvan; Hän ei tahdo yhdenkään ihmisen lankeavan helvettiin. Jumala tahtoo mahdollisimman monen ihmisen astuvan Uuteen Jerusalemiin ja asuvan siellä ikuisesti.

Joten kenenkään ei tule tuomita tai arvostella näitä Jumalan antamia sanomia jotka ovat tulleet paljastetuiksi Pyhän Hengen innoituksen kautta.

Taivas II sisältää useita taivasta koskevia salaisuuksia, kuten aikojen alkuakin ennen olemassa olleen Jumalan ja Hänen valtaistuimensa ulkonäön, ja niin edelleen. Minä uskon että tämänkaltaiset yksityiskohdat ja kuvaukset avittavat ihmisiä jotka kaipaavat taivasta vilpittömästi suurella ilolla ja onnellisuudella.

Uuden Jerusalemin kaupunki on valmistettu Jumalan mittamattomalla rakkaudella ja uskomattomalla voimalla, ja sen on täynnä Hänen kirkkauttaan. Uudessa Jerusalemissa sijaitsee sekä hengellinen huippu jossa Jumala muodosti itsestään Kolminaisuuden voidakseen toteuttaa ihmisten kasvatuksen, että Jumalan valtaistuin. Voitko kuvitella kuinka ihmeellinen, kaunis ja kirkas tämä paikka onkaan? Se on niin ihmeellinen ja pyhä paikka ettei ihmisen ymmärrys riitä sen käsittämiseen!

Joten sinun tulee ymmärtää että Uutta Jerusalemia ei anneta palkkioksi kaikille jotka saavat ottaa pelastuksen vastaan. Sen sijaan se annetaan vain niille Jumalan lapsille joiden sydän on kristallinkirkas ja puhdas heidän tultua kasvatetuksi tämän maan päällä.

Minä annan erityiskiitokseni Geumsun Vinille, toimituksen johtajalle, sekä henkilökunnalle ja Käännöstoimistolle.

Minä siunaan Herran nimessä, että kuka tahansa joka lukee tämän kirjan tulisi Jumalan uskolliseksi lapseksi joka saa tulla osalliseksi ikuisesta rakkaudesta ja ilosta Jumalan kirkkautta täynnnä olevassa Uudessa Jerusalemissa!

Jaerock Lee

 Johdanto

Toivoen että sinä tulet siunatuksi löytäessäsi selviä
yksityiskohtia Uudesta Jerusalemista, ja että sinä
asuisit ikuisesti taivaassa mahdollisimman lähellä
Jumalan valtaistuinta...

Minä annan kaiken kiitoksen ja kunnian Jumalalle joka
on siunauksellaan antanut meidän julkaista teoksen *Taivas I:*
Kristallinkirkas ja Kaunis, ja nyt myös kirjan *Taivas II: Täynnä*
Jumalan Kirkkautta.

Tämä kirja koostuu yhdeksästä luvusta, jotka kaikki
kuvaavat selvästi taivaan pyhintä ja kauneinta asuinsijaa, Uutta
Jerusalemia, sen koon, sen loiston, ja sen elämän näkökulmista.

Luku 1, "Uusi Jerusalem: Täynnä Jumalan Kirkkautta", kertoo
Uudesta Jerusalemista ja se selittää sellaisia salaisuuksia kuten
Jumalan valtaistuimen sekä hengellisen maailman huipun, jossa
Jumala muodosti itsestään Kolminaisuuden.

Luku 2, "Kahdentoista Sukukunnan ja Kahdentoista Apostolin Nimet," puhuu Uuden Jerusalemin kaupungin ulkoisesta olemuksesta. Se on korkeiden ja valtavien muurien ympäröimä, ja Israelin kahdentoista sukukunnan nimet on kaiverrettu kaupungin kahteentoista porttiin joka ilmansuunnalla. Kaupungin kahdessatoista perustuksessa on kahdentoista apostolin nimet, ja kaikkien näiden kaiverrusten tarkoitukset ja merkitykset selvennetään.

Luvussa 3, "Uuden Jerusalemin Koko", sinä opit Uuden Jerusalemin ulkonäöstä ja mittakaavasta. Tämä luku selittää miksi Jumala mittaa Uuden Jerusalemin koon kultaisella ruo'olla, ja että voidaksesi astua tähän kaupunkiin ja asua siellä sinun tulee täyttää kaikki asiaankuuluvat hengelliset pääsyvaatimukset jotka mitataan kultaisella ruo'olla. Luku myös käsittelee miksi Uuden Jerusalemin leveys, pituus ja korkeus ovat kaikki perinteisen korealaisen mitan mukaan mitattuna 6,000 ri:tä.

Luku 4, "Puhtaasta Kullasta ja Kaikenvärisistä Jalokivistä Valmistettu", tutkii yksityiskohtaisesti kaikkia niitä materiaaleja joista Uuden Jerusalemin kaupunki on rakennettu. Koko kaupunki on koristeltu näiden värien, kiillon ja valojen kauneudella. Lisäksi luku käsittelee hengellisen uskon tärkeyttä selittämällä miksi Jumala koristeli kaupungin muurit jaspiksella ja koko Uuden Jerusalemin puhtaalla kullalla joka on yhtä kirkasta kuin puhdas lasi.

Luku 5 "Kahdentoista Perustuksen Merkitys", kertoo sinulle Uuden Jerusalemin muureista jotka on rakennettu kahdentoista perustuksen päälle. Se myös kertoo jaspiksen, safiirin, kalkedonin, smaragdin, sardonyksin, sardionin, krysoliitin, beryllin, topaasin, krysoprasin, hyasintin ja ametistin kauneudesta sekä niiden hengellisestä merkityksestä. Liitettyäsi yhteen kaikkien näiden jalokivien hengellisen merkityksen sinä löydät Jeesuksen Kristuksen ja Jumalan sydämet. Tämä luku rohkaisee sinua saavuttamaan kahdentoista jalokiven edustamat sydämet jotta sinä voisit astua Uuteen Jerusalemiin ja asua siellä ikuisesti.

Luku 6, "Kaksitoista Helmiporttia ja Kultainen Tie", selittää meille miksi Jumala valmisti kaksitoista helmiporttia ja mikä näiden hengellinen merkitys on, ja se myös selittää puhtaan lasin kaltaisen kultaisen tien hengellisen merkityksen. Tämä luku kehoittaa sinua kiirehtimään kohti Uuden Jerusalemin Kahtatoista Helmiporttia voittamalla kaikenlaiset vaikeudet ja koettelemuksen uskon ja toivon avulla, niinkuin simpukka joka tuottaa arvokkaan helmen kärsittyään kovia kipuja.

Luku 7, "Hurmaava Näky", vie sinut ikuisesti kirkkaan Uuden Jerusalemin muurien sisäpuolelle. Sinä opit "Jumala ja Karitsa Ovat Sen Temppeli"-sanonnan hengellisestä merkityksestä, Herran asuttaman linnan koosta ja kauneudesta, sekä Uuteen Jerusalemiin astuvien ja Herran kanssa ikuisuuden viettävien ihmisten kirkkaudesta.

Luku 8, "Minä Näin Pyhän Kaupungin, Uuden Jerusalemin", esittelee sinulle talon joka kuuluu eräälle sellaiselle henkilölle joka on elänyt uskollisen elämän ja pyhittänyt elämiä tässä maailmassa, ja kuka on saava osakseen suuria palkkioita taivaassa. Sinä saat esimakua niistä onnellisista päivistä jotka odottavat ihmisiä Uudessa Jerusalemissa lukemalla kuinka taivaallisten talojen koot ja loistot vaihtelevat, ja minkälaisia tiloja taivaassa on ja minkälaista yleinen elämä siellä on.

Yhdeksäs ja viimeinen Luku, "Uuden Jerusalemin Ensimmäiset Pidot", vie sinut ensimmäisiin Uudessa Jerusalemissa pidettäviin, Valkean valtaistuimen Tuomiopäivän jälkeisiin pitoihin. Esittelemällä eräitä uskon esi-isiä jotka asuvat Jumalan valtaistuimen lähellä, Taivas II päättyy siunaamalla jokaisen lukijan jotta hän voisi omata sydämen joka on kristallinkirkas ja puhdas niin että hän voisi asua lähempänä Jumalan valtaistuinta Uudessa Jerusalemissa.

Mitä enemmän sinä opit taivaasta sitä ihmeellisemmäksi se muuttuu. Uutta Jerusalemia voidaan pitää taivaan "ytimenä", ja täältä sinä löydät Jumalan valtaistuimen. Jos sinä olet tietoinen Uuden Jerusalemin kauneudesta ja kirkkaudesta, niin sinä tulet varmasti ja vilpittömästi unelmoimaan taivaasta ja olemaan kirkasmielinen elämästäsi Kristuksessa suhteen.

Jeesuksen paluu, jota ennen Hän on saanut päätökseen meidän taivaallisten asuinsijojemme valmistelemisen, on tänään hyvin lähellä. *Taivas II: Täynnä Jumalan Kirkkautta* – kirjan avulla minä toivon että myös sinä valmistautuisit ikuiseen elämään.

Minä rukoilen Herran Jeesuksen Kristuksen nimessä, että sinä saisit asua lähellä Jumalan valtaistuinta pyhittämällä itsesi unelmoiden palavasti elämästä Uudessa Jerusalemissa sekä olemalla uskollinen kaikissa Jumalan antamissa velvollisuuksissasi.

Geumsun Vin
Käännöstoimiston Päätoimittaja

 SISÄLTÖ

Esipuhe

Johdanto

Luku 1

Uusi Jerusalem: Täynnä Jumalan Kirkkautta

*Ja hän vei minut hengessä suurelle ja korkealle vuorelle
ja näytti minulle pyhän kaupungin, Jerusalemin, joka
laskeutui alas taivaasta Jumalan tyköä, ja siinä oli
Jumalan kirkkaus; sen hohto oli kaikkein kalleimman
kiven kaltainen, niinkuin kristallinkirkas jaspis-kivi.*
- Ilmestyskirja 21:10 - 11

Taivas on neliulotteisessa maailmassa oleva valtakunta jota
itse rakkauden ja oikeudenmukaisuuden Jumala hallitsee. Vaikka
taivasta ei voidakaan nähdä paljain silmin on se kuitenkin
varmasti olemassa. Kuinka paljon iloa, onnea, kiitollisuutta ja
kunniaa taivaassa tuleekaan virtaamaan sen johdosta että se on
paras lahja jonka Jumala on valmistanut pelastuksen saaneille
lapsilleen!

Taivaassa on kuitenkin erilaisia asuisijoja. Siellä sijaitsee Uusi
Jerusalem jossa sijaitsee Jumalan valtaistuin, ja siellä on myös
paratiisi jossa vaivoin pelastuksen saaneet ihmiset asuvat ikuisesti.
Majassa eläminen eroaa täysin linnassa elämisestä kuninkaana,
ja samalla tavoin Paratiisiin astuminen eroaa suuresti kunnian ja

kirkkauden suhteen Uuteen Jerusalemiin astumisesta.

Tästä huolimatta jotkut uskovat luulevat että "taivas" ja "Uusi Jerusalem" ovat yksi ja sama asia, ja jotkut heistä eivät edes tiedä että Uusi Jerusalem on edes olemassa. Mikä sääli tämä onkaan! Ei ole helppoa päästä taivaaseen vaikka sinä oletkin siitä tietoinen. Kuinka sinä voit sitten edetä kohti Uutta Jerusalemia jos sinä et edes tiedä sen olevan olemassa?

Tämän tähden Jumala paljasti Uuden Jerusalemin apostoli Johannekselle, ja Hän salli tämän kirjoittaa siitä yksityiskohtaisesti Raamatussa. Ilmestyskirja 21 kertoo Uudesta Jerusalemista yksityiskohtaisesti, ja Johannes liikuttui pelkästään sen ulkonäön johdosta.

Ilmestyskirjassa 21:10-11 hän tunnustaa: "Ja hän vei minut hengessä suurelle ja korkealle vuorelle ja näytti minulle pyhän kaupungin, Jerusalemin, joka laskeutui alas taivaasta Jumalan tyköä, ja siinä oli Jumalan kirkkaus; sen hohto oli kaikkein kalleimman kiven kaltainen, niinkuin kristallinkirkas jaspis-kivi."

Miksi Uusi Jerusalem on sitten täynnä Jumalan kirkkautta?

Jumalan Valtaistuin Sijaitsee Uudessa Jerusalemissa

Jumalan valtaistuin sijaitsee Uudessa Jerusalemissa. Kuinka täynnä Jumalan kirkkautta Uusi Jerusalem onkaan, jos itse Jumala asuu siellä?

Tämän tähden sinä voit lukea Ilmestyskirjasta 4:8 kuinka ihmiset ylistävät, kiittävät, ja laulavat kunniaa Jumalalle yötä päivää: *"Ja niillä neljällä olennolla oli kullakin kuusi siipeä, ja ne olivat yltympäri ja sisältä silmiä täynnä. Ja ne sanoivat lakkaamatta yötä päivää: 'Pyhä, pyhä, pyhä on Herra Jumala, Kaikkivaltias, joka oli ja joka on ja joka tuleva on'"*

Uutta Jerusalemia kutsutaan myös "Pyhäksi Kaupungiksi" sillä se on valmistettu Sanalla joka kuuluu Jumalalle, joka on totuudenmukainen, tahraton ja itse valo, eikä Hänestä löydy yhtään pimeyttä.

Jerusalem on se paikka jossa Jeesus saarnasi evankeliumia ja täytti Lain rakkaudella Hänen tultua lihaksi maan päälle avatakseen koko ihmiskunnalle tien pelastukseen. Joten Jumala on valmistanut Uuden Jerusalemin asuinsijaksi kaikille niille uskoville jotka täyttivät lain rakkaudella.

Jumalan valtaistuin keskellä Uutta Jerusalemia

Missäpäin Uutta Jerusalemia Jumalan valtaistuin sitten sijaitsee? Vastaus tähän löytyy Ilmestyskirjasta 22:3-4:

Eikä mitään kirousta ole enää oleva. Ja Jumalan ja Karitsan valtaistuin on siellä oleva, ja hänen palvelijansa palvelevat häntä ja näkevät hänen kasvonsa, ja hänen nimensä on heidän otsissansa.

Jumalan valtaistuin sijaitsee keskellä Uutta Jerusalemia, ja vain ne jotka noudattavat Jumalan Sanaa kuuliaisen palvelijan tavoin voivat astua sinne ja nähdä Jumalan kasvot.

Tämän tähden Jumala sanoo meille Heprealaiskirjeessä

3

12:14: *"Pyrkikää rauhaan kaikkien kanssa ja pyhitykseen, sillä ilman sitä ei kukaan ole näkevä Herraa"*, ja Matteuksen luvussa 5:8: *"Autuaita ovat puhdassydämiset, sillä he saavat nähdä Jumalan."*

Joten sinun tulisi ymmärtää että kuka tahansa ei pääse Uuteen Jerusalemiin jossa Jumalan valtaistuin sijaitsee, samalla tavalla kuin tässä maailmassa kuka tahansa ei pääse tapaamaan kuningasta tai presidenttiä kasvotusten siinä huoneessa tai rakennuksessa jossa tämä oleskelee.

Miltä Jumalan valtaistuin näyttää? Jotkut saattavat kuvitella että se on suuren tuolin kaltainen, mutta näin ei kuitenkaan ole. Tarkasti ottaen valtaistuin tarkoittaa sitä istuinta jolla Jumala istuu, mutta yleisesti ottaen sillä viitataan Jumalan asuinsijaan.

Joten "Jumalan valtaistuin" viittaa Jumalan asuinsijaan, ja Hänen Uuden Jerusalemin keskellä sijaitsevan valtaistuimensa ympärillä on sateenkaaria ja kaksikymmentäneljä vanhinta.

Sateenkaaret ja 24 vanhimman valtaistuimet

Ilmestyskirjan jakeet 4:3-6 välittävät sinulle Jumalan valtaistuimen kauneuden, loiston ja koon:

Ja istuja oli näöltänsä jaspis-ja sardionkiven kaltainen; ja valtaistuimen ympärillä oli taivaankaari, näöltänsä smaragdin kaltainen. Ja valtaistuimen ympärillä oli kaksikymmentä neljä valtaistuinta, ja niillä valtaistuimilla istui kaksikymmentä neljä vanhinta, puettuina valkeihin vaatteisiin, ja heillä oli päässänsä

*kultaiset kruunut. Ja valtaistuimesta lähti salamoita ja
ääniä ja ukkosen jylinää; ja valtaistuimen edessä paloi
seitsemän tulisoihtua, jotka ovat ne seitsemän Jumalan
henkeä. Ja valtaistuimen edessä oli ikäänkuin lasinen
meri, kristallin näköinen; ja valtaistuimen keskellä ja
valtaistuimen ympärillä oli neljä olentoa, edestä ja
takaa silmiä täynnä.*

Lukuisat enkelit ja taivaalliset isännät palvelevat Jumalaa.
Taivaassa on myös useita muita hengellisiä olentoja, kuten
kerubeja ja Herraa vartioivat neljä elävää olentoa.

Lisäksi lasimeri levittäytyy Jumalan valtaistuimen edessä.
Tämä tarjoaa erittäin kauniin näkymän Jumalan valtaistuinta
ympäröivien useiden erilaisten valojen heijastuessa lasimeren
pinnasta.

Millä tavalla kaksikymmentäneljä vanhinta ympäröivät
Jumalan valtaistuinta? Heistä kaksitoista istuvat Herran takana
ja loput kaksitoista istuvat Pyhän Hengen takana. Nämä
kaksikymmentäneljä vanhinta ovat pyhittyneitä yksilöitä joilla
on oikeus todistaa Jumalan edessä.

Jumalan valtaistuin on niin kaunis, loistava ja mahtava, että se
on ihmisten mielikuvitusten ulottumattomissa.

Väliaikainen valtaistuin seremonioihin osaaottoa varten

Jumalan valtaistuin Uudessa Jerusalemissa on paikka jonne
Jumala voi tulla kun Hän haluaa puhua lastensa kanssa, ottaa osaa
pitoihin tai hallita taivasta. Samalla tavalla maan presidentillä on

5

sekä oma toimistonsa että muita paikkoja kokousten ja juhlien järjestämiseen.

Ennen vanhaan kun kuningas lähti palatsistaan tarkastamaan maitaan ja tapaamaan ihmisiä, hänen alaisensa rakensivat paikan joka muistutti palatsia jossa kuningas saattoi viipyä väliaikaisesti. Samaan tapaan Jumalan Uudessa Jerusalemissa oleva valtaistuin ei ole se valtaistuin jossa hän yleensä oleskelee, vaan Hän käyttää sitä oleskellessaan täällä väliaikaisesti. Luku 9 käsittelee yksityiskohtaisesti Uudessa Jerusalemissa pidettäviä pitoja sekä Jumalan valtaistuinta. Sinä voit lukea kuinka Jumala ilmestyy ottamaan osaa ensimmäisiin Uudessa Jerusalemissa järjestettäviin pitoihin ja kuinka profeetat nousevat seisomaan palvoakseen Häntä. Sinä voit myös lukea kuinka Jumala istuu valtaistuimellaan. Jumalan valtaistuimen oikealla puolella on Herran valtaistuin, ja Hänen vasemmalla puolellaan on Pyhän Hengen valtaistuin.

Jumalan toinen väliaikainen valtaistuin

Apostolien teot 7:55-56 kertoo kuinka Stefanus näki Karitsan valtaistuimen Jumalan valtaistuimen oikealla puolen:

Mutta täynnä Pyhää Henkeä hän loi katseensa taivaaseen päin ja näki Jumalan kirkkauden ja Jeesuksen seisovan Jumalan oikealla puolella ja sanoi: "Katso, minä näen taivaat auenneina ja Ihmisen Pojan seisovan Jumalan oikealla puolella".

Stefanuksesta tuli marttyyri kivityksen kautta sillä hän saarnasi rohkeasti Jeesuksesta Kristuksesta. Ennen kuolemaansa Stefanuksen hengelliset silmät aukenivat ja hän näki kuinka Herra seisoi Jumalan valtaistuimen oikealla puolella. Herra ei malttanut istua tietäessään että Stefanuksesta tulisi pian marttyyri niiden juutalaisten toimesta jotka olivat kuunnelleet hänen sanomaansa. Joten Herra nousi valtaistuimeltaan ja vuodatti kyyneleitä katsoessaan kuinka Stefanus kivitettiin kuoliaaksi, ja Stefanus näki tämän hänen auenneilla hengellisillä silmillään.

Stefanus näki myös Jumalan valtaistuimen jossa Jumala ja Herra oleskelivat. Sinun tulee ymmärtää että tämä valtaistuin ei ole se sama valtaistuin jonka apostoli Johannes näki Uudessa Jerusalemissa.

Stefanuksen näkemä valtaistuin on paikka jossa Jumala on pysyvä Tuomiopäivään saakka, kun taas Johanneksen näkemä valtaistuin on paikka jossa Jumala on asuva Tuomiopäivän jälkeen.

Joten Jumalan hallitessa taivaita, johdattaessaan ihmisiä näiden kasvatuksen aikana ja valmistautuessaan Tuomiopäivää varten Hän pysyy erillisessä paikassa Uudessa Jerusalemissa kunnes Tuomiopäivä koittaa. Tässä Stefanuksen näkemässä paikassa asuvat Uuteen Jerusalemiin päässeet uskon esi-isät jotka yhdessä Jumalan kanssa työskentelevät Jumalan valtakunnan puolesta.

Joten on olemassa väliaikainen valtaistuin jota Jumala käyttää käydessään Uudessa Jerusalemissa ja ottaessaan osaa seremonioihin, ja on myös olemassa toinen väliaikainen valtaistuin.

Valtaistuin Tuomiota varten

Ihmiset usein kuvittelevat että näiden lisäksi Jumalalla on vain yksi valtaistuin, mutta näin ei kuitenkaan ole. On myös muita väliaikaisia valtaistuimia joita käytetään Jumalan töiden tekemiseen. Tarkistelkaamme Ilmestyskirjan jakeita 20:11-12:

> *Ja minä näin suuren, valkean valtaistuimen ja sillä istuvaisen, jonka kasvoja maa ja taivas pakenivat, eikä niille sijaa löytynyt. Ja minä näin kuolleet, suuret ja pienet, seisomassa valtaistuimen edessä, ja kirjat avattiin; ja avattiin toinen kirja, joka on elämän kirja; ja kuolleet tuomittiin sen perusteella, mitä kirjoihin oli kirjoitettu, tekojensa mukaan.*

Kun Hetki koittaa ,Jumala tulee istumaan "suurella valkealla valtaistuimella" ja tuomitsemaan sen mukaan mitä kirjoihin on kirjoitettu. Uskon kautta pelastuneet lapset tulevat saamaan taivaallisen asuisijan ja palkkioita, kun taas ne jotka eivät ole pelastuneet tulevat putoamaan joko tuliseen järveen tai palavan tulikiven järveen sen mukaan kuinka paljon pahaa he ovat tehneet eläessään tässä maailmassa.

Missä Jumala tulee sitten olemaan Tuomion hetken koittaessa? Tuleeko Hän olemaan Uudessa Jerusalemissa? Ei. Uuden Jerusalemin ulkopuolelle valmistetaan toinen väliaikainen istuin. Tämä selitettiin "Ilmestyksen Luentoja"-luentosarjan kautta.

Jumala ei yleensä ole Uuden Jerusalemin keskellä sijaitsevalla valtaistuimellaan vaan Hän käyttää tätä väliaikaisesti, ja useita muita väliaikaisia valtaistuimia voidaan valmistaa ja tehdä tarpeen mukaan.

Hengellisen Maailman Korkein Huippu

Missä sitten sijaitsee se pysyvä Jumalan valtaistuin jossa Hän yleensä istuu? Alussa Jumala oli yksin maailmankaikkeudessa valon täyttyessä äänellä. Oikean hetken koittaessa Hän muodosti itsestään Kolminaisuuden ja valmistautui ihmisten kasvatukseen.

Tutkiessasi tätä prosessia yksityiskohtaisesti sinä voit saada selville sijainnin jossa Jumala muodosti itsestään Kolminaisuuden ja jossa Hänen pysyvä valtaistuimensa sijaitsee. Katsokaamme seuraavaksi mitä Jumala on paljastanut minulle vastauksina kun olen rukoillut ja paastonnut pyrkiessäni ymmärtämään Jumalan Sanaa.

Jumala oli olemassa yksin valona

Ainakin kerran elämässään useimmat uskovat ovat aprikoineet tai tulevat aprikoimaan Jumalaa joka on ollut olemassa alusta lähtien. Ihmisten ajatusmaailmassa kaikella täytyy olla alku ja loppu, joten ihmiset miettivät minkälainen Jumala oli alussa.

Jumala oli olemassa yksin, syleillen koko maailmankaikkeutta ennen ajan alkua (Exodus 3:14; Joh 1:1; Ilmestyskirja 22:13). Silloinen maailmankaikkeus ei ollut samanlainen kuin se jonka me näemme tänään, sillä se muodostui yhdestä ainoasta tilasta

9

ennen kuin se jaettiin hengelliseen ja fyysiseen maailmaan. Jumala oli olemassa valona joka valaisi koko maailmankaikkeuden.

Hän ei ollut pelkkä valonsäde vaan Hän oli olemassa kauniina ja säihkyvinä valoina jotka olivat kuin sateenkaaren värejä sisältävän veden virta. Sinä voit ymmärtää tätä mielikuvaa paremmin jos sinä kuvittelet mielessäsi Pohjoisnavan ympärillä näkyviä revontulia. Revontulet ovat kokoelma eri värejä jotka levittäytyvät verhon tavoin viuhkaksi. Sanotaan että tämä näky on niin kaunis että jos joku joskus näkee sen hän ei koskaan unohda sen kauneutta.

Kuinka paljon kauniimpi olisikaan Jumalan valo – Jumalan, joka on itse valo – ja kuinka me voisimme ilmaista niin usean värin yhdistelmän kauniin loiston?

Tämän tähden 1. Joh 1:5 sanoo: "Ja tämä on se sanoma, jonka olemme häneltä kuulleet ja jonka me teille julistamme: että Jumala on valkeus ja ettei hänessä ole mitään pimeyttä." Syy ilmaisuun "Jumala on valkeus" ei ole pelkästään halu ilmaista hengellistä merkitystä, sitä että Jumalassa ei ole lainkaan pimeyttä, vaan sen tarkoitus on myös kuvata Jumalan ulkomuotoa. Jumalan, joka oli olemassa valona ennen kaiken alkua.

Tämä Jumala, joka ennen ajanlaskun alkua oli yksin koko maailmankaikkeudessa valona, täyttyi äänellä. Jotkut saattavat ihmetellä kuinka valo voi täyttyä äänellä, mutta sinun ymmärtämystäsi saattaa auttaa jos sinä kuvittelet kuinka sinä voit kuulla kun tuuli lähestyy sinua.

Tietenkään ääni joka kuuluu Jumalalle joka oli yksin olemassa valona ei tullut mistään muualta, vaan se oli sointuva ääni suoraan lähteestä. Jumalassa sointuva ääni levittäytyi koko maailmankaikkeuden läpi samalla tavoin kuin ääni leviää tuulen mukana. Tämä ääni oli hyvin selvä, suloinen ja pehmeä, ja se soi läpi koko maailmankaikkeuden. Jumalan äänen kuullut ihminen ei koskaan unohtaisi sitä, sillä se on niin kirkas, puhdas ja kaunis.

Jos me vertaisimme tätä ääntä johonkin maasta löytyvään ääneen se olisi kuin ääni joka syntyy kun kristallintapaiset puhdaat ja kirkkaat jalokivet kohtaavat. Etelämantereella jäävuoret päästävät kauniita ääniä halkeillessaan. Tietenkään me emme voi verrata tätä siihen ääneen jolla Jumala oli täyttynyt. Silti minä toivon että sinä voisit kokea edes jossain määrin tämän kauniin, kirkkaan ja silti voimakkaan alun äänen.

Jumala oli olemassa äänellä täyttyneenä valona, ja tämä ääni on se "Sana", josta Joh. 1:1 puhuu: *"Alussa oli Sana, ja Sana oli Jumalan tykönä, ja Sana oli Jumala."*

Jumala valmisti itsestään Kolminaisuuden huipulla

Alussa Jumala oli olemassa yksin. Hän oli säihkyvien valojen ympäröimä ja täyttynyt äänellä joka soi Hänen sisältään. Tietystä ajasta lähtien Jumala halusi jonkun jonka kanssa Hän voisi jakaa tunteensa ja ajatuksensa:

"Olisi mukavaa jos olisi joku joka ymmärtäisi sydäntäni ja joka tietäisi kaiken tästä maailmankaikkeudesta, ja jonka kanssa minä voisin jakaa rakkauteni ja tunteeni"

11

Alussa Jumala suunnitteli ihmisten kasvattamisen ja Hän jakoi laajan maailmankaikkeuden hengelliseen maailmaan ja fyysiseen maailmaan.

Sitten Hän jakoi itsensä Kolmiyhteiseksi Jumalaksi, keskittäen valonsa yhdeksi valoksi hengellisen maailman huipulle. Jumala, joka oli aluksi ollut yksin valona joka oli täynnä sointuvaa ääntä tuli nyt Kolmiyhteiseksi Jumalaksi: Isäksi, Pojaksi, ja Pyhäksi Hengeksi.

Jumala loi ensimmäisen taivaan jossa me ihmiset voisimme elää, toisen taivaan jossa hengelliset ja fyysiset olennot voivat oleskella yhdessä, sekä kolmannen taivaan joka on hengellinen maailma.

Te maan valtakunnat, laulakaa Jumalalle, veisatkaa Herran kiitosta – Sela – hänen, joka kiitää ikuisten taivasten taivaissa! Katso, hän antaa äänellänsä väkevän jylinän (Psalmit 68:32-33).

Katso, taivaat ja taivasten taivaat, maa ja kaikki, mitä siinä on, ovat Herran, sinun Jumalasi (5. Moos. 10:14).

Sinä yksin olet Herra. Sinä olet tehnyt taivaat ja taivasten taivaat kaikkine joukkoinensa, maan ja kaikki, mitä siinä on, meret ja kaikki, mitä niissä on. Sinä annat elämän niille kaikille, ja taivaan joukot kumartavat sinua (Nehemia 9:6).

Huipun sijainti

Sen jälkeen kun Jumala oli muodostanut itsestään Kolminaisuuden, Hän valmisti Uuden Jerusalemin kaupungin sekä tätä kaupunkia ympäröivät taivaan kuningaskunnat. Tämä hengellisen maailman huippu, jossa Jumala muodosti itsestään Kolminaisuuden ihmisten kasvatusta varten, on 6000 ri:n korkeudessa (perinteinen korealainen pituusmitta; 1 ri oon noin 400 metriä tai 437 jaardia), kolmannen taivaan Uudessa Jerusalemissa.

Kuka tahansa ei saa lähestyä huippua jossa Jumala muodosti itsestään Kolminaisuuden, ja se on niin tarkasti vartioitu että edes enkelit eivät saa mennä sinne. Edes Isä Jumala ei ole mennyt tähän paikkaan sen jälkeen kun Hän astui sieltä alas muodostettuaan itsestään Kolminaisuuden.

Sen jälkeen kun 6000 vuotta ihmisten kasvatusta on ohitse, Kolminaisuus astuu takaisin tähän paikkaan tullakseen taas yhdeksi. Kolminaisuus tulee ajoittain yhdistymään ja jakautumaan, muistaen ensimmäistä kertaa jolloin Jumala muodosti itsestään Kolminaisuuden.

Huippu joka sijaitsee Uuden Jerusalemin 6000 ri:n korkeudessa on täynnä Jumalan kirkkautta, sillä täällä loistava, alkuperäinen valo jaettiin. Koska tämä Jumalan kirkkaus loistaa ympäri koko taivasta Uusi Jerusalem mukaanlukien siellä ei ole mitään tarvetta auringolle tai kuulle loistaa. Uuden Jerusalemin kaupunki on paikka jossa Jumalan alkuperäinen valo loistaa loistavimmin ja täynnä kirkkautta.

13

Jumala valmisti taivaan ja hengellisen maailman

Kolmiyhteinen Jumala valmisti ensin taivaan kuningaskunnan ja sitten lukuisat enkelit ja taivaalliset isännät. Hän nautti heidän kanssaan loistosta, vastaanottaen ylistyksiä ja kunniaa kauan aikaa.

Hän antoi erityisen paljon humaaniutta Kolmiyhteistä Jumalaa palvelleelle kolmelle arkkienkelille niin että ne voisivat palvella Jumalaa ja jakaa Hänen kanssaan rakkauden omasta vapaasta tahdostaan. Yksi arkkienkeleistä, Lusifer, alkoi kuitenkin muuttaa mieltään. Hän väärinkäytti vapaata tahtoa jonka Jumala oli hänelle antanut. Ylpeys kasvoi hänen sydämeensä ja lopulta hän haastoi Jumalan.

Isä Jumalaa palveleva arkkienkeli Lusifer harhautti petturuudellaan Jumalan valtaistuinta ympäröiviä lohikäärmeitä, niiden alapuolella olevia kerubeja sekä eräitä muita enkeleitä, saaden ne seisomaan rinnallaan Jumalaa vastaan. Silti tämä kaikki oli mahdollista koska Jumala antoi sen tapahtua Hänen suunnitelmansa ja kaitsemuksensa tähden. Tämä kaikki oli välttämätöntä ihmisten kasvatuksen tähden.

Ihmisten täytyy kokea suhteellisuutta pahojen henkien kautta voidakseen astua taivaalliseen kuningaskuntaan Jumalan todellisina lapsina. Tämä on selitetty tarkemmin kirjassa *"Ristin Sanoma."*

Lopulta Jumala ajoi Lusiferin ja hänen seuraajansa pois kolmannesta taivaasta toiseen taivaaseen, sallien heidän asettua Eedenin Puutarhan itäpuolelle. Tämän jälkeen pahojen henkien maailma perustettiin Jumalan valtapiirin sisälle.

Jumalan alkuperäinen valtaistuin

Missä Kolminaisuus yleensä oleskelee? Samalla tavalla kuin kuningas joka oleskelee palatsissaan suurimman osan ajasta, myös Kolmiyhteisellä Jumalalla on paikka jossa levätä hengellisesti.

Paikassa jossa Jumala oleskeli sointuvan äänen sisältävänä valona on erillisiä paikkoja joissa Isä, Poika ja Pyhä Henki voivat oleskella ja levätä erikseen. Alueella jossa Jumalan alkuperäinen valtaistuin sijaitsee on tiloja lepäämistä varten, huoneita keskusteluja varten, sekä myös polkuja joita pitkin kävellä.

Vain valikoidut enkelit ja ne joiden sydämet ovat Jumalan sydämen kaltaisia saavat astua tähän paikkaan. Tämä paikka on erillinen, salaperäinen ja turvallinen. Tämä paikka jossa Kolmiyhteisen Jumalan valtaistuin sijaitsee on lisäksi tilassa jossa Jumala oleskeli yksin kaiken alussa. Tämä tila on neljännessä taivaassa, erillään kolmannen taivaan Uudesta Jerusalemista.

Karitsan Morsian

Alussa Jumala muodosti itsestään Kolminaisuuden jotta Hän voisi kasvattaa uskollisia lapsia jotka voisivat jakaa Hänen kanssaan todellisen rakkauden Uudessa Jerusalemissa. Hän jakoi Isän, Pojan ja Pyhän Hengen osat, loi hengellisen maailman, ja on nyt kasvattanut ihmisiä kauan aikaa.

Jumala antaa Pyhän Hengen lahjana niille jotka hyväksyvät Jeesuksen Kristuksen Pelastajakseen, ja Hän johdattaa heidät synnyttämään hengen ja tulemaan Jumalan lapsiksi joiden sydämet ovat Herran sydämen kaltaisia. Kun he astuvat esiin Jumalan todellisina lapsina Hän palkitsee heidät Uudella Jerusalemilla.

Jumala tahtoo että kaikki ihmiset olisivat Hänen sydämen kaltaisia ja että he astuisivat Uuteen Jerusalemiin. Hän silti osoittaa armoaan niitä kohtaan jotka eivät ole saavuttaneet tämän tason pyhittymistä ihmisten kasvatuksen kautta. Hän jakoi taivaan kuningaskunnan useisiin asuinsijoihin Paratiisista Ensimmäiseen, Toiseen ja Kolmanteen taivaan Kuningaskuntaan, ja Hän palkitsee lapsensa sen mukaan mitä nämä ovat tehneet.

Jumala antaa Uuden Jerusalemin Hänen uskollisille lapsilleen jotka ovat täysin pyhittyneitä ja jotka ovat olleet uskollisia koko Hänen talossaan. Hän on rakentanut Uuden Jerusalemin muistoksi Jerusalemista, evankeliumin perustuksesta, sekä uudeksi astiaksi.

Me voimme lukea Ilmestyskirjan jakeesta 21:2 että Jumala on valmistanut Uuden Jerusalemin niin kauniisti että kaupunki muistuttaa Johannesta morsiamesta joka on koristeltu kauniisti hänen sulhastaan varten:

Ja pyhän kaupungin, uuden Jerusalemin, minä näin laskeutuvan alas taivaasta Jumalan tyköä, valmistettuna niinkuin morsian, miehellensä kaunistettu.

Uusi Jerusalem on kuin kauniisti koristeltu morsian

Matteus 25 kertoo vertauskuvan viidestä viisaasta ja viidestä tyhmästä neitsyestä. Viidestä viisaasta neitsyttä jotka valmistivat öljyn tuli Herran morsiamia, mutta viisi tyhmää neitsyttä jotka eivät valmistaneet tarpeeksi öljyä eivät voineet ottaa sulhasta vastaan.

Jumala valmistaa upeita asuinsijoja taivaaseen Herran morsiamille jotka ovat valmistavat itseään kauniisti ympärileikkaamalla sydämensä ottaakseen vastaan hengellisen sulhasensa, Herra Jeesuksen. Kaikista näistä ikuisista asuisijoista kaunein on Uuden Jerusalemin kaupunki.

Tämän tähden Ilmestyskirja 21:9 kuvaa kauniisti Herran morsiamia varten koristeltua Uuden Jerusalemin kaupunkia "Morsiameksi, Karitsan vaimoksi."

Kuinka riemukas Uusi Jerusalem tuleekaan olemaan koska se on paras lahja Herran morsiamille jonka rakkauden Jumala on itse valmistanut? Ihmiset tulevat olemaan hyvin liikuttuneita astuessaan sisään taloihin jotka on rakennettu ja joista on pidetty huolta Jumalan rakkaudella ja henkilökohtaisella huolella. Tämä johtuu siitä että Jumala tekee jokaisesta talosta täydellisen niiden omistajien omien makujen mukaisesti.

Palvelee ja syleilee kuin vaimo ikään

Morsian palvelee aviomiestään ja tarjoaa hänelle lepopaikan. Samaan tapaan Uuden Jerusalemin talot palvelevat ja syleilevät Herran morsiamia. Tämä paikka on niin mukava ja turvallinen että ihmiset ovat täynnä onnellisuutta ja iloa.

Huolimatta siitä kuinka hyvin vaimo palvelee aviomiestään, hän ei voi tässä maailmassa antaa tälle täydellistä rauhaa ja iloa. Uuden Jerusalemin talot tarjoavat kuitenkin sellaista rauhaa ja iloa että ihmiset eivät voi kokea sellaista tässä maailmassa, sillä nämä talot on valmistettu täyttämään niiden omistajien maut täydellisesti. Talot on rakennettu kauniisti ja upeasti omistajien maun mukaisesti sillä ne on tarkoitettu ihmisille joiden sydämet ovat Jumalan sydämen kaltaisia. Kuinka ihmeellisiä ja mahtavia ne olisivatkaan, sillä Herra on johdossa niiden rakentamisesta?

Jos sinä todella uskot taivaaseen niin sinä tulet olemaan onnellinen kun pelkästään ajattelet sitä kuinka useat enkelit rakentavat taivaallisia taloja kullalla ja jalokivillä, seuraten Jumalan lakia joka palkitsee jokaisen yksilön sen mukaan mitä he ovat tehneet.

Voitko sinä kuvitella kuinka paljon onnellisempaa ja iloisempaa elämä olisikaan Uudessa Jerusalemissa, joka palvelee ja syleilee sinua kuin vaimo ikään?

Taivaalliset talot on koristeltu ihmisten tekojen mukaisesti

Taivaallisia taloja on rakennettu aina siitä lähtien kun meidän Herramme nousi kuolleista ja astui taivaaseen, ja niitä rakennetaan jopa tälläkin hetkellä meidän tarpeidemme mukaan. Joten rakentaminen on jo päättynyt niiden talojen osalta jotka kuuluvat ihmisille joiden elämä tässä maailmassa on jo päättynyt; joidenkin talojen perustuksia valetaan ja pylväät nousevat pystyyn; ja joidenkin talojen rakentaminen on tullut melkein päätökseen.

Jeesus kertoo meille jakeissa Joh. 14:2-3 että kun kaikki uskovien taivaalliset talot ovat valmiita, Hän tulee palaamaan takaisin maahan, mutta tällä kertaa hän tulee tekemään sen ilmojen halki:

Minun Isäni kodissa on monta asuinsijaa. Jos ei niin olisi, sanoisinko minä teille, että minä menen valmistamaan teille sijaa? Ja vaikka minä menen valmistamaan teille sijaa, tulen minä takaisin ja otan teidät tyköni, että tekin olisitte siellä, missä minä olen.

Pelastettujen ihmisten ikuiset asuinsijat päätetään Valkean valtaistuimen Tuomiolla.

Kun omistaja astuu taloonsa sen jälkeen kun taivaalliset paikat ja palkkiot on päätetty jokaisen oman uskonmääränsä mukaan, tämä talo tulee säihkymään kauttaaltaansa. Tämä johtuu siitä että talo ja sen omistaja muodostavat täydellisen parin omistajan astuessa taloonsa samalla tavalla kuin aviomies ja vaimo tulevat yhdeksi lihaksi.

Kuinka täynnä Jumalan kirkkautta Uusi Jerusalem tuleekaan olemaan, sillä se pitää sisällään Jumalan valtaistuimen sekä useita taloja joita rakennetaan Jumalan uskollisille lapsille jotka voivat jakaa todellisen rakkauden Hänen kanssaan ikuisesti?

Jalokiven tavoin Säihkyvä ja Kristallinkirkas

Apostoli Johannes tunsi syvää kunnioitusta nähdessään Pyhän Hengen johdattamana Uuden Jerusalemin Pyhän Kaupungin, ja hän saattoi vain tunnustaa seuraavasti:

Ja hän vei minut hengessä suurelle ja korkealle
vuorelle ja näytti minulle pyhän kaupungin, Jerusalemin,
joka laskeutui alas taivaasta Jumalan tyköä, ja siinä oli
Jumalan kirkkaus; sen hohto oli kaikkein kalleimman
kiven kaltainen, niinkuin kristallinkirkas jaspis-kivi
(Ilmestyskirja 21:10-11).

Jotkut teistä ovat ehkä matkustaneet lentämällä kuuluisiin
kaupunkeihin. Kuvittele, että kone jossa sinä olet ja joka
on lentänyt korkealla alkaa laskeutumaan lähestyessään
määränpäätä. Pystytkö sinä muistamaan kuinka kaunis sinun
allasi avautuva maisema olikaan? Mitä kauniimpi maisema on,
sitä enemmän ihailua sinä tunnet sydämessäsi ja sitä enemmän
sinä kiität ja ylistät Jumalaa joka on kaiken Luoja. Samalla tavalla
Johannes ylisti Jumalaa katsoessaan Pyhän Hengen johdattamana
upeaa Uutta Jerusalemia vuoren huipulta käsin.

Jumalan rakkaus ja voima ovat Uudessa Jerusalemissa

Johannes kuvaili morsiamen tavoin koristellun Uuden
Jerusalemin kauneutta yksinkertaisesti sanoilla "Jumalan
Kirkkaus". Katsoessaan Uutta Jerusalemia ja sen kauneuden
täydellisyyttä ja pyhyyttä Johannes ylisti Jumalaa Hänen
rakkautensa ja voimansa tähden. Lukemalla Exodus 43:28 sinä
voit saada maistiaisen siitä kuinka kirkas ja häikäisevä Jumalan
valtaa edustava kunnian kirkkaus onkaan.

Mooses otti vastaan Kymmenen Käskyä vietettyään Jumalan
kanssa neljäkymmentä päivää Siinai-vuorella. Hänen tullessaan

20

alas vuorelta hänen kasvonsa loisti Jumalan kirkkautta. Hänen kasvonsa loistivat niin kirkkaina että Aaron ja Israelin kansa pelkäsivät lähestyä häntä. Mooses sai nähdä Jumalan kirkkauden koska hänen sydämensä muistutti Jumalan sydäntä niin paljon että – toisin kuin muut – hän saattoi puhua Jumalalle kuin ystävälle. Tämän tähden Mooseksen täytyi peittää kasvonsa liinalla. Israelin kansa ei voinut nähdä hänen kasvojaan siitä huolimatta etteivät he katsoneetkaan itse Jumalan kirkkautta.

Kuinka paljon kirkkaammin loistaisikaan Jumalan rakkauden ja vallan sisältävä Uusi Jerusalem Hänen kirkkaudessaan? Tämän tähden Johannes saattoi ainoastaan tunnustaa: "sen hohto oli kaikkein kalleimman kiven kaltainen, niinkuin kristallinkirkas jaspis-kivi."

Uusi Jerusalem on täynnä sekä alkuperäistä valoa joka on peräisin huipulta jossa Jumala muodosti itsestään Kolminaisuuden, että kirkkauden valoa joka on lähtöisin Jumalan valtaistuimesta. Kuinka kaunis näky olisikaan ollut apostoli Johannekselle?

Uusi Jerusalem, loistaen Jumalan kirkkaudessa

Mitä se tarkoittaa kun sanotaan että Jumalan kirkkaudessa loistavan Uuden Jerusalemin loisto on "kaikkein kalleimman kiven kaltainen, niinkuin kristallinkirkas jaspis-kivi?" On olemassa useita erilaisia jalokiviä, ja näiden nimet vaihtelevat niiden värien ja materiaalien mukaan. Jotta kiveä pidettäisiin arvokkaana sen on loistettava kauniissa väreissä. Joten ilmaus "kaikkein kalleimman kiven kaltainen" viittaa siihen että se on täydellisen kauneuden ruumiillistuma. Apostoli Johannes vertasi Uuden Jerusalemin kaunista valoa sellaisten arvokkaiden jalokivien loistoon joita ihmiset pitävät erittäin arvokkaina.

Uudessa Jerusalemissa on lisäksi valtavia ja suurenmoisia taloja. Kaupunki on koristeltu taivaallisilla jalokivillä jotka loistavat iloisesti, ja sinä voit nähdä kuinka sen valot ovat kauniita ja loistavia vaikka sinä katsoisitkin kaupunkia kaukaata käsin. Sinertävät, valkoiset valot jotka loistavat monissa väreissä näyttävät syleilevän koko Uutta Jerusalemia. Kuinka vaikuttava ja ilahduttava tämä näky olisikaan?

Ilmestyskirja 21:18 kertoo meille että Uuden Jerusalemin muuri on valmistettu jaspiksesta. Toisin kuin tämän maailman samea jaspis, taivaan jaspis on väriltään sinertävä ja niin kaunis ja kirkas että katsoessasi sitä sinusta tuntuu kuin sinä katsoisit kirkkaaseen veteen. On melkein mahdotonta ilmaista sen värien kauneutta tämän maailman ilmaisuilla. Ehkä sitä voidaan verrata kirkkaista aalloista heijastuvaan siniseen valoon. Me voimme lisäksi kuvata sen värejä kutsumalla niitä loistaviksi, sinertäviksi, ja valkoisiksi. Jaspis edustaa Jumalan kirkkautta ja eleganssia, sekä Jumalan "vanhurskautta" joka on tahraton, puhdas ja rehellinen.

On olemassa monenlaisia kristalleja, ja taivaallisena terminä se viittaa värittömään, läpinäkyvään ja kovaan kiveen joka on yhtä puhdas ja kirkas kuin puhdas vesi. Puhtaita ja kirkkaita kristalleja on käytetty koristuksissa entisistä ajoista lähtien, sillä ne eivät ole vain kirkkaita ja läpinäkyviä vaan ne myös heijastavat valoja kauniisti.

Vaikka kristalli ei olekaan kovin kallista, se heijastaa valoja loistavasti saaden ne näyttämään sateenkaarelta. Lisäksi Jumala on voimallaan asettanut kunnian kirkkauden taivaallisiin kristalleihin niin että niitä ei voida edes verrata tästä maailmasta löydettäviin kristalleihin. Apostoli Johannes yrittää ilmaista Uuden Jerusalemin kauneutta, kirkkautta ja loistoa verraten sitä kristalliin.

Uuden Jerusalemin pyhä kaupunki on täynnä Jumalan ihmeellistä kirkkautta. Kuinka ihmeellinen, kaunis ja loistava Uusi Jerusalem onkaan, sillä se pitää sisällään Jumalan valtaistuimen ja huipun, jossa Jumala muodosti itsestään Kolminaisuuden?

Jos sinä todella toivot voivasi elää pyhässä ja kauniissa Uuden Jerusalemin kaupungissa sinun tulee olla uskollinen kaikissa velvollisuuksissasi sekä miellyttää Jumalaa kristallinkirkkaalla ja puhtaalla sydämellä.

Joten minä rukoilen Herran Jeesuksen Kristuksen nimessä, että sinä tekisit sydämestäsi pyhän, olisit uskollinen koko Jumalan talossa ja valmistaisit itsesi Herran morsiamena niin, että sinä voit eräänä päivänä saavuttaa Uuden Jerusalemin.

◈ Luku 2 ◈

Kahdentoista Sukukunnan ja Kahdentoista Apostolin Nimet

Siinä oli suuri ja korkea muuri, jossa oli kaksitoista porttia ja porteilla kaksitoista enkeliä, ja niihin oli kirjoitettu nimiä, ja ne ovat Israelin lasten kahdentoista sukukunnan nimet; idässä kolme porttia ja pohjoisessa kolme porttia ja etelässä kolme porttia ja lännessä kolme porttia. Ja kaupungin muurilla oli kaksitoista perustusta, ja niissä Karitsan kahdentoista apostolin kaksitoista nimeä.

- Ilmestyskirja 21:12-14

Uutta Jerusalemia ympäröivät muurit jotka loistavat kirkkaita ja säihkyviä valoja. Jokaisen leuat loksahtavat auki näiden muurien koon, loiston, kauneuden ja kirkkauden tähden.

Kaupunki on nelikulmainen ja sillä on kolme porttia joka ilmansuunnassa: idässä, lännessä, pohjoisessa ja etelässä. Siinä on yhteensä kaksitoista porttia ja se on kooltaan uskomattoman laaja. Arvokas ja majesteettinen enkeli vartioi jokaista porttia ja kahdentoista sukukunnan nimet on kaiverrettu näihin portteihin.

Uuden Jerusalemin ympärillä on myös kaksitoista perustusta

joiden päällä seisoo kaksitoista pilaria, ja näihin perustuksiin on kaiverrettu kahdentoista opetuslapsen nimet. Uudessa Jerusalemissa kaikki perustuu numeroon 12, valon numeroon. Tämän tarkoitus on auttaa kaikkia ymmärtämään että Uusi Jerusalem on paikka niille valon lapsille joiden sydämet muistuttavat Jumalan sydäntä, Jumalan, joka on itse valo.

Tarkistelkaamme seuraavaksi numeron 12 hengellistä merkitystä. Jeesus sanoo jakeessa Joh. 11:9: *"Eikö päivässä ole kaksitoista hetkeä? Joka vaeltaa päivällä, se ei loukkaa itseänsä, sillä hän näkee tämän maailman valon."* Tässä "kaksitoista hetkeä" tarkoittaa viittaa täydelliseen valoon jossa ei ole pimeyttä, ja tämä valo viittaa ikuiseen ja täydelliseen Jumalaan josta ei löydy ollenkaan pimeyttä.

Joten 12 on päivän, kirkkauden ja valon numero, ja se edustaa täydellisyyttä ja kokonaisuutta. Jumala pitää numeroa 12 erittäin arvokkaana, ja Hän käytti sitä lupauksen siunattuna merkkinä, sillä se edustaa kokonaisuutta ja valoon astumista.

Jumala muodosti Jaakobin kautta Isarelin kaksitoista sukukuntaa jotka edustavat kaikkia pelastetuksi tulevia ihmisiä, ja Hän salli evankeliumin levitä kahdentoista opetuslapsen kautta. Hän myös valmisti Uuden Jerusalemin kaksitoista porttia ja perustusta. Tällä tavoin Jumala paljasti tahtonsa ja johdatuksensa numeron 12 kautta.

Tarkistelkaamme seuraavaksi syitä siihen miksi nämä kaksitoista enkeliä vartioivat Uuden Jerusalemin kahtatoista porttia, ja miksi kahdentoista sukukunnan ja apostolin nimet on kirjattu ympäri kaupunkia.

Kaksitoista Enkeliä Vartioi Portteja

Ennen vanhaan useat sotilaat tai vartijat pitivät vahtia sellaisen linnan portilla jossa kuningas tai korkea virkamies asui. Tämä oli tarpeellinen toimenpide jotta rakennukset olisivat turvassa vihollisilta ja muilta tunkeutujilta. Myös Uuden Jerusalemin portteja vartoi kaksitoista enkeliä vaikkei kukaan voisikaan tunkeutua tai astua sinne oman halunsa mukaan, sillä tämä kaupunki pitää sisällään Jumalan valtaistuimen. Mikä on sitten syy näihin vartijoihin?

Ilmaistaakseen rikkauksia, valtaa ja kunniaa

Uuden Jerusalemin kaupunki on niin valtava ja ihmeellinen ettei meidän mielikuvituksemme voi edes käsittää sitä. Kiinan suuri Kielletty Kaupunki, jossa keisarit ennen elivät, on saman kokoinen kuin Uuden Jerusalemin tavalliset talot. Edes Kiinan muuria, joka on yksi antiikin maailman seitsemästä ihmeestä, ei voida verrata Uuden Jerusalemin muuriin.

Yksi syy siihen että kaksitoista enkeliä vartioi portteja on se että tämä symboloi rikkauksia, kunniaa, valtaa ja kirkkautta. Jopa tänäkin päivänä vaikutusvaltaisilla ja varakkailla ihmisillä on omat yksityiset turvamiehensä asuntojensa ympärillä, ja tämä kuvaa talon asukkaiden vaurautta ja valtaa.

Joten on ilmiselvää että korkea-arvoiset enkelit vartioivat Jumalan valtaistuimen sisältävän Uuden Jerusalemin portteja. Sinä ymmärrät Jumalan ja Uuden Jerusalemin asukkaiden vallan ja voiman luomalla yhden ainoan silmäyksen näihin kahteentoista enkeliin joiden läsnäolo lisää Uuden Jerusalemin kauneutta ja loistoa.

Suojellakseen Jumalan tunnustettuja lapsia

Mikä on sitten toinen syy siihen että kaksitoista enkeliä vartioi Uuden Jerusalemin portteja? Heprealaiskirje 1:14 kysyy: *"Eivätkö he kaikki ole palvelevia henkiä, palvelukseen lähetettyjä niitä varten, jotka saavat autuuden periä?"* Jumala suojelee Hänen tässä maassa eläviä lapsiaan Hänen palavilla silmillään ja Hänen lähettämillään enkeleillä. Joten ne jotka elävät Jumalan Sanan mukaisesti eivät tule Saatanan loukkaamiksi, vaan heitä suojellaan koettelumuksilta, vaikeuksilta, luonnon ja ihmisten aiheuttamilta katastrofeilta, sairauksilta ja onnetomuuksilta.

Taivaassa on myös lukemattomia enkeleitä jotka suorittavat velvollisuutensa Jumalan käskyjen mukaisesti. Näiden joukossa on enkeleitä jotka tarkkailevat, kirjaavat ja ilmoittavat Jumalalle jokaisen ihmisen kaikki teot, oli tämä sitten uskossa tai ei. Tuomiopäivänä Jumala muistaa jokaisen yksilön jokaisen sanan ja Hän palkitsee jokaisen sen mukaan mitä tämä on tehnyt ja sanonut.

Kaikki enkelit ovat henkiä jotka ovat Jumalan vallan alla, joten on selvää että he suojelevat ja huolehtivat Jumalan lapsista jopa taivaassa. Tietenkään taivaassa ei ole mitään onnettomuuksia tai uhkia, sillä siellä ei ole mitään paholais-viholliselle kuuluvaa pimeyttä, mutta heidän luonnollinen velvollisuutensa on suojella isäntään. Tämä velvollisuus ei ole kenenkään valvoma vaan se täytetään vapaaehtoisesti hengellisen maailman järjestyksen ja harmonian mukaisesti; se on enkeleille määrätty luonnollinen velvollisuus.

Uuden Jerusalemin rauhanomaisen järjestyksen ylläpitämiseksi

Mikä on sitten kolmas syy siihen että kaksitoista enkeliä vartioi Uuden Jerusalemin portteja? Taivas on täydellinen ja virheetön hengellinen maailma ja sitä johdetaan täysin järjestyksenomaisesti. Siellä ei ole vihaa, riitoja, tai käskyjä vaan sitä johdetaan ainoastaan Jumalan käskyillä. Palkkiot ja valta määrätään Jumalan oikeudenmukaisuudella, ja Hän palkitsee jokaisen ihmisen näiden palkkioiden mukaisesti ja tämän mukaan johdetaan koko taivasta.

Sanalla "valta" ei viitata tässä arvoon jolla henkilö voi ylpeillä tai kehuskella, vaan se on hengellinen mahdollisuus osoittaa ihailua, luottamusta ja rakkautta toisiaan kohtaan Jumalan lapsina.

Ristiriitojen repimä talo tulee sortumaan. Edes Saatanan maailma ei taistele itseään vastaan vaan se työskentelee tietyn järjestyksen mukaan (Mark. 3:22-26). Kuinka paljon oikeudenmukaisemmin tulee Jumalan valtakunta sitten operoimaan?

Esimerkiksi Uuden Jerusalemin pidot etenevät tietyn järjestyksen mukaisesti. Ensimmäisen, Toisen ja Kolmannen Kuningaskunnan sekä Paratiisin pelastetut sielut tulevat astumaan Uuteen Jerusalemiin ainoastaan kutsuttuina, tietyn hengellisen järjestyksen mukaisesti. Siellä he miellyttävät Jumalaa ja jakavat ilon yhdessä Uuden Jerusalemin asukkaiden kanssa.

Mitä tapahtuisi, jos Paratiisin sekä Ensimmäisen, Toisen ja Kolmannen Kuningaskunnan pelastetut sielut voisivat astua vapaasti Uuteen Jerusalemiin milloin tahansa he haluaisivat? Jopa parhaimman ja arvokkaimman esineen arvo laskee ajan mittaan jos siitä ei pidetä kunnolla huolta, ja jos Uuden Jerusalemin järjestys rikkoutuisi, sen kauneutta ei voitaisi ylläpitää kunnolla.

Joten tämän Uuden Jerusalemin rauhanomaisen järjestyksen tähden nämä kaksitoista enkeliä vartioivat näitä kahtatoista porttia. Tietenkään Kolmannessa Kuningaskunnassa ja sitä alemmalla tasolla asuvat uskovat eivät voisi astua vapaasti Uuteen Jerusalemiin vaikka portilla ei olisikaan enkeliä. Tämä johtuu kirkkauksien välisistä eroista. Enkelit pitävät huolen siitä että järjestystä ylläpidetään tarkasti.

Kahdentoista Israelin Sukukunnan Nimet On Kaiverrettu Kahteentoista Porttiin

Mikä on sitten syy siihen että kahdentoista Israelin sukukunnan nimet on kaiverrettu Uuden Jerusalemin portteihin. Tässä maailmassa ihmiset usein joko asettavat kirjoituksia sisältäviä peruskiviä tai pystyttävät monumentin projektin läheisyyteen juhlistaakseen rakennusprojektin valmistumista tai julistaakseen siihen liittyviä tärkeitä ilmoituksia. Samalla tavoin Israelin kahdentoista sukukunnan nimet symboloivat sitä että Uuden Jerusalemin kaksitoista porttia alkoivat Israelin kahdellatoista sukukunnalla.

Kahdentoista portin valmistamisen taustaa

Eedenin puutarhasta tottelemattomuuden synnin takia noin 6000 vuotta sitten ulosajetut Aatami ja Eeva synnyttivät useita lapsia tässä maailmassa eläessään. Maailman ollessa täynnä syntejä kaikkia paitsi Nooaa, oikeudenmukaista miestä, ja hänen perhettään, rankaistiin, ja kaikki muut ihmiset menehtyivät.

Sitten noin 4000 vuotta sitten Aabraham syntyi, ja oikean ajan koittaessa Jumala teki hänestä uskon esi-isän ja siunasi häntä runsaasti. Jumala antoi Aabrahamille lupauksen Genesiksessä 22:17-18:

Minä runsaasti siunaan sinua ja teen sinun jälkeläistesi luvun paljoksi kuin taivaan tähdet ja hiekka, joka on meren rannalla, ja sinun jälkeläisesi valtaavat vihollistensa portit. Ja sinun siemenessäsi tulevat siunatuiksi kaikki kansakunnat maan päällä, sentähden että olit minun äänelleni kuuliainen.

Uskollinen Jumala teki Aabrahamin pojanpojasta Jaakobista Israelin perustajan, ja Hän valmisti perustuksen jolle tämä saattoi perustaa kansakunnan kahdentoista poikansa avulla. Sitten, noin 2000 vuotta sitten, Jumala lähetti poikansa Jeesuksen Juudan sukukunnan jälkeläisenä, ja Hän avasi tien pelastukseen koko ihmiskunnalle.

Tällä tavoin Jumala muodosti Israelin väestön kahdellatoista kansalla täyttääkseen siunaukset jotka Hän oli luvannut Aabrahamille. Tämän symboloimiseksi ja julistamiseksi Jumala

31

valmisti Uuteen Jerusalemiin kaksitoista porttia, ja Hän kaiversi niihin näiden kahdentoista sukukunnan nimet.

Tarkistelkaamme seuraavaksi tarkemmin Jaakobia, Israelin esi-isää, sekä kahtatoista sukukuntaa.

Israelin esi-isä Jaakob ja hänen kaksitoista poikaansa

Aabrahamin pojanpoika ja Iisakin poika Jaakob varasti ovelasti esikoisoikeudet veljeltään Eesaulta, ja niin hänen täytyi paeta tätä setänsä Laabanin luokse. Tämän 22 vuotta kestäneen vierailun aikana Laabanin luo Jumala jalosti Jaakobia kunnes hänestä tuli Israelin esi-isä.

Genesis kertoo jakeesta 29:21 eteenpäin Jaakobin avioliitoista ja hänen kahdentoista poikansa syntymistä. Jaakob rakasti Raakelia ja hän lupasi palvella Laabania seitsemän vuoden ajan jos hän saisi mennä Raakelin kanssa naimisiin. Hänen setänsä kuitenkin petti häntä ja hän nai Leean, Raakelin sisaren. Hänen täytyi luvata Laabanille palvelevansa tätä toiset seitsemän vuotta voidakseen naida Raakelin. Lopulta Jaakob nai Raakelin ja hän rakasti tätä enemmän kuin Leeaa.

Jumala armahti Leeaa jota hänen aviomiehensä ei rakastanut, ja Hän aukaisi tämän kohdun. Leea synnytti Ruubenin, Simeonin, Leevin ja Juudan. Jaakob rakasti Raakelia mutta tämä ei voinut synnyttää poikia vähään aikaan. Hän tuli kateelliseksi sisarelleen Leealle ja antoi palvelijansa Bilhan aviomiehelleen vaimoksi. Bilha synnytti Daanin ja Naftalin. Kun Lea ei voinut enää saada lapsia hän antoi palvelijansa Silpan Jaakobille vaimoksi, ja Silpa synnytti Gaadin ja Asserin.

Myöhemmin Leea sopi Raakelin kanssa että hän saisi maata Jaakobin kanssa vastineeksi Ruubenin poimimista lemmenmarjoista. Leea synnytti Isaskarin ja Sebulonin sekä tyttären, Diinan. Sitten Jumala muisti Raakelia joka ei voinut saada lapsia ja Hän aukaisi tämän kohdun, ja Raakel synnytti Joosefin. Joosefin syntymän jälkeen Jumala käski Jaakobia ylittämään Jabok-joen ja palaamaan kotikaupunkiinsa kahden vaimonsa, kahden palvelijattaren ja yhdentoista poikansa kanssa.

Jaakob kärsi koettelemuksista setänsä Laabanin talossa kaksi vuosikymmentä. Tämän jälkeen hän nöyristi itsensä ja hän rukoili kunnes hänen lonkkansa nyrjähti Jabok-joella hänen ollessa matkalla kotikaupunkiinsa. Silloin hänen nimekseen tuli "Israel" (Genesis 32:28). Israel teki myös sovinnon veljensä Eesaun kanssa ja hän eli Kanaanissa. Häntä siunattiin tulemaan Israelin esi-isäksi ja Raakel synnytti hänelle Benjaminin, hänen viimeisen poikansa.

Israelin kaksitoista sukukuntaa, Jumalan valittu kansa

Kaikkien poikiensa joukosta Israel rakasti eniten Joosefia. Hänet myytiin 17-vuotiaana Egyptiin hänen mustasukkaisten veljiensä toimesta. Jumalan johdatuksella Joosefista tuli kuitenkin Egyptin pääministeri 30-vuotiaana. Jumala tiesi että Kanaanissa tulisi olemaan kova katokausi, joten Hän lähetti ensiksi Joosefin Egyptiin ja salli sitten hänen koko perheensä muuttaa sinne niin että he lisääntyisivät tarpeeksi voidakseen muodostaa kansakunnan.

Genesiksessä 49:3-28 Israel siunaa hänen kahtatoista poikaansa ennen viimeistä henkäystään, ja nämä ovat Israelin kaksitoista sukukuntaa:

Ruuben, sinä olet minun esikoiseni,
minun voimani ja minun miehuuteni ensimmäinen
*   (jae 3)...*
Simeon ja Leevi, veljekset,
Heidän aseensa ovat väkivallan aseet (jae 5)...
Juuda, sinua sinun veljesi ylistävät (jae 8)...
Sebulon asuu meren rannalla (jae 13)...
Isaskar on luiseva aasi,
joka loikoilee karjatarhojen välissä (jae 14)...
Daan hankkii oikeutta kansalleen,
hänkin yhtenä Israelin sukukunnista (jae 16)...
Gaadia ahdistavat rosvojoukot,
mutta hän itse ahdistaa heitä heidän kintereillään
*   (jae 19)...*
Asserista tulee lihavuus (jae 20)...
Naftali on nopea peura;
hän antaa kauniita sanoja (jae 21)...
Joosef on nuori hedelmäpuu,
nuori hedelmäpuu lähteen reunalla (jae 22)...
Benjamin on raatelevainen susi (jae 27)...

Nämä ovat Israelin kaksitoista sukukuntaa ja näin heidän isänsä puhui heille siunatessaan heitä, ja hän antoi jokaiselle häneen sopivan siunauksen. Siunaukset olivat kaikki erilaisia,

34

sillä jokainen poika (sukukunta) oli erilainen piirteiltään, persoonallisuudeltaan, teoiltaan ja luonnoltaan.

Jumala antoi Lain Israelin kahdelletoista Egyptistä saapuneelle sukukunnalle Mooseksen kautta, ja Hän alkoi johdattaa heitä Kanaanin maidon ja hunajan maahan. 5. Moos 33:5-25 näyttää meille kuinka Mooses siunaa Israelin kansaa ennen kuolemaansa.

> *Ruuben eläköön, älköön hän kuolko;*
> *mutta vähäiseksi jääköön hänen miestensä joukko*
> *(jae 6)...*
> *Kuule, Herra, Juudan huuto,*
> *ja tuo hänet kansansa luo (jae 7)...*
> *Ja Leevistä Hän sanoi,*
> *Sinun tummimisi ja uurimisi*
> *Olkoot sinun hurskaasi omat (jae 8)...*
> *Ja Benjaminista hän sanoi,*
> *Hänen rakkaana hän asuu hänen turvissansa (jae 9)...*
> *Ja Joosefista hän sanoi,*
> *Herra siunatkoon hänen maansa kalleimmalla,*
> *kasteella, joka tulee taivaasta (jae 13)...*
> *Sellaiset of Efraimin kymmenet tuhannet,*
> *sellaisia Manassen tuhannet (jae 17)...*
> *Ja Sebulonista hän sanoi,*
> *Iloitse, Sebulon, kun liikkeelle lähdet,*
> *ja sinä, Isaskar, majoissasi (jae 18)...*
> *Ja Gaadista hän sanoi,*
> *Kiitetty olkoon hän, joka on niin laajentanut Gaadin*
> *(jae 20)...*

Ja Daanista hän sanoi,
Daan on nuori leijona,
joka syöksyy esiin Baasanista (jae 22)...
Ja Naftalista hän sanoi,
Naftali on kylläinen mielisuosiosta
ja täynnä Herran siunausta (jae 23)...
Siunattu olkoon Asser poikien joukossa.
Olkoon hän veljiensä lemmikki (jae 24)...

Yksi Israelin kahdestatoista pojasta, Leevi, suljettiin sukukuntien ulkopuolelle jotta hänestä ja hänen jälkeläisistään voisi tulla pappeja ja he voisivat kuulua Jumalalle. Tämän johdosta Joosefin kahdesta pojasta, Manassesta ja Efraimista, muodostettiin kaksi sukukuntaa Leeviläisten tilalle.

Kahdentoista sukukunnan nimet

Kuinka me voimme sitten pelastua ja kulkea kahdentoista portin lävitse joihin on kaiverrettu kahdentoista sukukunnan nimet vaikka me emme kuulu yhteen kahdestatoista sukukunnasta, emmekä me ole Aabrahamin jälkeläisiä?

Me löydämme vastauksen tähän kysymykseen Ilmestyskirjasta 7:5-8:

Juudan sukukunnasta kaksitoista tuhatta merkittyä,
Ruubenin sukukunnasta kaksitoista tuhatta, Gaadin
sukukunnasta kaksitoista tuhatta, Asserin sukukunnasta
kaksitoista tuhatta, Naftalin sukukunnasta kaksitoista

tuhatta, Manassen sukukunnasta kaksitoista tuhatta, Simeonin sukukunnasta kaksitoista tuhatta, Leevin sukukunnasta kaksitoista tuhatta, Isaskarin sukukunnasta kaksitoista tuhatta, Sebulonin sukukunnasta kaksitoista tuhatta, Joosefin sukukunnasta kaksitoista tuhatta, Benjaminin sukukunnasta kaksitoista tuhatta merkittyä.

Näissä jakeissa Juudan sukukunnan nimi tulee ensiksi, ja toisin kuin Genesiksessä tai Mooseksen 4:ssä kirjassa, sitä seuraa Ruubenin sukukunnan nimi. Daanin sukukunnan nimi on poistettu ja Manassen sukukunnan nimi on lisätty listaan. 1. Kun. 12:28-31 kirjaa Daanin sukukunnan vakavan synnin.

Mietittyään asiaa kuningas teetti kaksi kultaista vasikkaa ja sanoi heille: "Te olette jo tarpeeksi kauan kulkeneet Jerusalemissa. Katso, Israel, tässä on sinun Jumalasi, joka on johdattanut sinut Egyptin maasta." Ja hän pystytti toisen Beeteliin, ja toisen hän asetti Daaniin. Ja tämä koitui synniksi. Ja kansa kulki sen toisen kuvan luo Daaniin saakka. Hän rakensi myös uhrikukkulatemppeleitä ja teki kansan keskuudesta papeiksi kaikenkaltaisia miehiä, jotka eivät olleet leeviläisiä.

Pohjois-Israelin ensimmäinen kuningas Jerobeam kuvitteli että jos ihmiset menivät uhraamaan Herralle Jerusalemin temppeliin he saattoivat antaa uskollisuutensa herralleen Rehoboamille, Juudaan kuninkaalle. Kuningas teetti kaksi kultaista vasikkaa ja hän asetti toisen niistä Beeteliin ja toisen Daaniin. Hän kielsi ihmisiä menemästä Jerusalemiin uhraamaan Jumalalle ja hän houkutteli heitä palvomaan Beetelissä ja Daanissa.

Daanin sukukunta teki syntiä kuvainpalvonnallaan, ja he tekivät tavallisista ihmisistä Jumalan pappeja vaikka vain leeviläiset saattoivat tulla papeiksi. He myös aloittivat festivaalin joka pidettiin kahdeksannen kuukauden viidentenätoista päivänä samaan tapaan kuin Juudassa pidettävä festivaali. Jumala ei voinut antaa anteeksi näitä kaikkia syntejä, ja niin Hän hylkäsi heidät.

Joten Daanin sukukunnan nimi jätettiin pois listasta ja se korvattiin Manassen sukukunnan nimellä. Tämä Manassen sukukunnan nimen lisääminen profetoitiin Geneksiksen jakeessa 48:5. Jaakob sanoi pojalleen Joosefille:

Kaksi poikaasi, jotka ovat sinulle syntyneet Egyptin maassa, ennenkuin minä tulin luoksesi Egyptiin, olkoot minun omani; Efraim ja Manasse olkoot minun omani niinkuin Ruuben ja Simeon.

Israelin isä Jaakob oli jo sinetöinyt Manassen ja Efraimin omikseen. Joten Uuden testamentin Ilmestyskirja kertoo, että Manassen sukukunnan nimi on kirjattu ylös Daanin sukukunnan nimen sijasta.

Se, että Manassen sukukunnan nimi on näin kirjattu Israelin kahdentoista sukukunnan nimien joukkoon siitä huolimatta että hän ei ollutkaan yksi Israelin kahdestatoista johtajasta, tarkoittaa sitä, että ei-juutalaiset ottaisivat israelilaisten paikan ja tulisivat pelastetuiksi.

Jumala loi kansakunnan perustuksen Israelin kahdentoista sukukunnan kautta. Noin kaksituhatta vuotta sitten Hän avasi portit syntien poispesemiseen Jeesuksen Kristuksen kallisarvoisen veren kautta joka vuodatettiin ristillä, ja Hän salli kenen tahansa ottaa vastaan pelastuksen uskon kautta.

Jumala valitsi kahdestatoista sukukunnasta polveutuvan Israelin kansan ja kutsui heitä "Minun kansakseni." Mutta koska he lopulta epäonnistuivat Jumalan tahdon seuraamisessa evankeliumi siirtyi ei-juutalaisille.

Ei-juutalaiset, villi oliivipuun oksas, ovat korvanneet Jumalan valitun Israelin kansan joka oli alkuperäinen oliiviverso. Tämän tähden apostoli Paavali kirjoittaa Roomalaiskirjeessä 2:28-29: *"Sillä ei se ole juutalainen, joka vain ulkonaisesti on juutalainen, eikä ympärileikkaus se, joka ulkonaisesti lihassa tapahtuu; vaan se on juutalainen, joka sisällisesti on juutalainen, ja oikea ympärileikkaus on sydämen ympärileikkaus Hengessä, ei kirjaimessa; ja hän saa kiitoksensa, ei ihmisiltä, vaan Jumalalta."*

Lyhyesti sanottuna, ei-juutalaiset ovat korvanneet Israelin kansan Jumalan tahdon täyttäjinä, samalla tavalla kuin Daanin sukukunnan nimi pyyhittiin ja korvattiin Manassen sukukunnan nimellä. Joten tämän tähden jopa ei-juutalaiset voivat astua uuteen Jerusalemiin kahdentoista portin kautta, kunhan he omaavat vaaditut uskon pääsyvaatimukset. Ei-juutalaisten tullessa uskoon Jumala ei laske heitä enää "ei-juutalaisiksi", vaan sen sijaan Hän laskee heidän olevan kahdentoista sukukunnan jäseniä. Kaikki kansakunnat tulevat pelastumaan kahdentoista portin kautta, ja tämä on Jumalan vanhurskautta.

Loppujen lopuksi Israelin "kaksitoista sukukuntaa" viittaa kaikkiin Jumalan lapsiin jotka pelastetaan uskon kautta, ja Jumala on kirjoittanut kahdentoista sukukunnan nimet Uuden Jerusalemin kahteentoista porttiin tätä symboloidakseen.

Jokainen kahdestatoista sukukunnasta ja kaikki kaksitoista porttia eroavat kuitenkin kirkkaudessa, samalla tavoin kuin maat ja alueet eroavat toisistaan piirteidensä perusteella.

Kahdentoista Opetuslapsen Nimet On Kaiverrettu Kahteentoista Perustukseen

Mikä on sitten syy siihen että kahdentoista opetuslapsen nimet on kaiverrettu Uuden Jerusalemin kahteentoista perustukseen?

Rakennuksen pystyttämiseen tarvitaan perustukset joiden päälle pystyttää pilareita. Rakennuksen koon pystyy arvioimaan helposti katsomalla kuinka syvälle sen perustukset ulottuvat. Perustukset ovat erittäin tärkeitä sillä ne kannattelevat koko rakenteen painon.

Samalla tavoin Uuden Jerusalemin kahdettoista perustukset valettiin jotta ne kannattelisivat sen muureja sekä kahtatoista pilaria joiden välissä portit sijaitsevat. Perustusten jälkeen valmistettiin portit. Kaksitoista perustusta ja kaksitoista pilaria ovat niin valtavia kooltaan että midän ymmärryksemme ei riitä sen käsittämiseen. Me keskitymme tähän seuraavassa kappaleessa.

Nämä kaksitoista perustusta ovat tärkeämpiä kuin kaksitoista porttia

Jokainen varjo sisältää osan isäntäänsä. Samalla tavalla Vanha testamentti on Uuden testamentin varjo, sillä Vanha testamentti todisti Jeesuksesta joka oli tuleva tähän maailmaan Pelastajana, ja Uuteen testamenttiin on kirjattu tähän maailmaan tulleen Jeesuksen työt. Jeesuksen, joka täytti kaikki profetiat ja saavutti tien pelastukseen (Heprealaiskirje 10:1).

Kansakunnan perustukset kahdentoista Israelin kansakunnan kautta luonut Jumala julisti Lain Mooseksen kautta, ja opetti kahtatoista opetuslasta Jeesuksen kautta joka täytti Lain rakkaudella, ja Hän teki näistä opetuslapsista Herran todistajia koko maailmalle. Täten nämä kaksitoista opetuslasta ovat sankareita jotka mahdollistivat Vanhan testamentin Lain täyttämisen ja Uuden Jerusalemin kaupungin rakentamisen, ja näin he toimivat varjon sijasta itse materiana.

Joten Uuden Jerusalemin kaksitoista perustusta ovat tärkeämpiä kuin kaksitoista porttia, ja näiden kahdentoista opetuslapsen rooli on tärkeämpi kuin kahdentoista sukukunnan rooli.

Jeesus ja Hänen kaksitoista opetuslasta

Jeesus, Jumalan Poika, joka tuli lihana tähän maailmaan, aloitti uransa julistajana 30-vuotiaana. Hän kokosi opetuslapsia ja opetti heitä. Oikean hetken koittaessa Jeesus valtuutti opetuslapsensa ajamaan ulos riivaajia ja parantamaan sairaita. Matteus 10:2-4 mainitsee kaksitoista opetuslasta:

> *Ja nämä ovat niiden kahdentoista apostolin nimet: ensimmäinen oli Simon, jota kutsuttiin Pietariksi, ja Andreas, hänen veljensä, sitten Jaakob Sebedeuksen poika, ja Johannes, hänen veljensä, Filippus ja Bartolomeus, Tuomas ja Matteus, publikaani, Jaakob, Alfeuksen poika, ja Lebbeus, lisänimeltä Taddeus, Simon Kananeus ja Juudas Iskariot, sama, joka hänet kavalsi.*

Opetuslapset saarnasivat evankeliumia ja tekivät Jumalan voiman tekoja niin kuin Jeesus heitä käski. He todistivat elävästä Jumalasta ja johdattivat useita sieluja pelastuksen tielle. Lukuunottamatta Juudas Iskariotia, joka Saatanan johdattamana päätyi kavaltamaan Jeesuksen, kaikki opetuslapset todistivat Jeesuksen ylösnousemusta ja taivaaseen astumista, ja palavien rukousten kautta he saivat osakseen Pyhän Hengen.

Joten Herran valtuuttamina he ottivat vastaan Pyhän Hengen ja voiman, ja heistä tuli Herran todistajia Jerusalemissa, koko Juudeassa ja Samariassa, sekä kaikissa maailman kolkissa.

Mattias korvasi Juudas Iskariotin

Apostolin teot 1:15-26 kuvaa kuinka Juudas Iskariot korvattiin yhtenä kahdestatoista opetuslapsesta. He rukoilivat Jumalaa ja heittivät arpaa. Opetuslapset toimivat näin, sillä he halusivat tämän tapahtuvan Jumalan tahdon mukaisesti ilman ihmismielen sekaantumista asiaan. Lopulta he valitsivat henkilön niiden joukosta joita Jeesus oli opettanut, ja tämän miehen nimi oli Mattias.

Tässä on syy siihen että Jeesus valitsi Juudas Iskariotin vaikka Hän tiesi että tämä tulisi pettämään Hänet. Se, että Mattias tuli valituksi, tarkoittaa sitä että jopa ei-juutalaiset saattoivat saada pelastuksen osakseen. Herran ylösnousemuksesta ja taivaaseen astumisesta lähtien Jumalalla on ollut monia palvelijoita jotka Hän on itse valinnut, ja kuka tahansa joka tulee yhdeksi Herran kanssa voi tulla valituksi yhdeksi Herran opetuslapseksi, aivan niinkuin Mattiaskin valittiin Hänen opetuslapsekseen.

Jumalan itsensä valitsemat palvelijat noudattavat isäntänsä tahtoa sanoen pelkästään ”Kyllä.” Heitä ei pitäisi kutsua ”Jumalan palvelijaksi” tai ”Jumalan valitsemaksi palvelijaksi” jos he eivät noudata Hänen tahtoaan.

Kaksitoista opetuslasta Mattias mukaanlukien muistuttivat Herraa saavuttaen pyhittymisen, ja he noudattivat Herran opetuksia ja täyttivät Jumalan tahdon sen kokonaisuudessaan. He muodostivat maailmanlaajuisen lähetyksen perustukset täyttämällä velvollisuutensa siihen saakka kunnes heitä tuli marttyyreita.

Kahdentoista opetuslapsen nimet

Ihmiset jotka ovat pelastuneet uskonsa kautta ilman että he olisivat olleet pyhittyneitä tai uskollisia koko Jumalan talossa voivat kyllä vierailla Uudessa Jerusalemissa saatuaan sinne kutsun, mutta he eivät voi asua siellä ikuisesti. Joten syy siihen, että kahdentoista opetuslapsen nimet on kaiverrettu kahteentoista perustukseen on se, että tämän tarkoitus on muistuttaa meitä siitä, että vain ne jotka tulivat pyhittyneiksi ja olivat uskollisia koko Jumalan talossa tässä elämässä voivat päästä Uuteen Jerusalemiin.

Israelin kaksitoista sukukuntaa viittaavat Jumalan lapsiin jotka tulevat pelastetuiksi uskon kautta. Ne, jotka ovat pyhittyneitä ja uskollisia koko elämänsä ajan, täyttävät Uuden Jerusalemin pääsyvaatimukset. Näistä syistä johtuen kaksitoista perustusta ovat tärkeämpiä, ja näistä syistä johtuen kahdentoista opetuslapsen nimet eivät ole kirjattuja kahteentoista porttiin vaan kahteentoista perustukseen.

Miksi Jeesus sitten valitsi ainoastaan kaksitoista opetuslasta? Täydellisessä viisaudessaan Jumala täyttää taivaallista suunnitelmaansa jonka Hän loi ennen ajan alkua, ja Hän tekee kaiken tämän mukaisesti. Joten me tiedämme että Jeesus valisti ainoastaan kaksitoista opetuslasta sen tähden että se oli osa Jumalan suunnitelmaa.

Jumala muodosti kaksitoista sukukuntaa Vanhassa testamentissa ja Hän valitsi Uudessa testamentissa kaksitoista opetuslasta, käyttäen numeroa 12 joka merkitsee "valoa" ja "täydellisyyttä." Näin Vanhan testamentin varjo ja Uuden testamentin sisin olemus muodostivat parin.

Jumala ei muuta mieltään tai suunnitelmaansa, ja Hän pitää Sanansa. Joten meidän tulee uskoa koko Raamatussa olevaa Jumalan Sanaa, valmistaa itseämme Herran vastaanottamiseen

Hänen morsiaminaan sekä saavuttaa ja omata Uuteen Jerusalemiin tarvittavat pääsyvaatimukset kahdentoista opetuslapsen tapaan.

Jeesus sanoi Ilmestyskirjassa 22:12: *"Katso, minä tulen pian, ja minun palkkani on minun kanssani, antaakseni kullekin hänen tekojensa mukaan."*

Minkälaista kristillistä elämää sinun tulisi elää jos sinä todellakin uskot että Herra on tulossa pian takaisin? Sinun ei tule vain olla tyytyväinen siihen että sinä olet saanut pelastuksen Jeesuksen Kristuksen uskon kautta, vaan sinun tulee myös yrittää heittää pois syntisi ja olla uskollinen kaikissa velvollisuuksissasi.

Minä rukoilen Herran Jeesuksen Kristuksen nimessä, että sinä tulet omaamaan ikuisen kirkkauden ja siunauksia Uudessa Jerusalemissa niinkuin uskon esi-isät joiden nimet on kaiverrettu kahteentoista porttiin ja kahteentoista perustukseen!

Luku 3

Uuden Jerusalemin Koko

Ja sillä, joka minulle puhui, oli mittasauvana kultainen ruoko, mitatakseen kaupungin ja sen portit ja sen muurin. Ja kaupunki oli neliskulmainen, ja sen pituus oli yhtä suuri kuin sen leveys. Ja hän mittasi sillä ruovolla kaupungin: se oli kaksitoista tuhatta vakomittaa. Sen pituus ja leveys ja korkeus olivat yhtä suuret. Ja hän mittasi sen muurin: se oli sata neljäkymmentä neljä kyynärää, ihmismitan mukaan, joka on enkelin mitta.

- Apocalisse 21:15-17

Jotkut uskovat joko kuvittelevat että kaikki pelastetut tulevat pääsemään Uuteen Jerusalemiin, jossa Jumalan valtaistuin sijaitsee, tai sitten he luulevat että koko taivas muodostuu Uudesta Jerusalemista. Uusi Jerusalem ei kuitenkaan muodosta koko taivasta, vaan se on vain yksi äärettömän taivaan osa. Vain Jumalan uskolliset lapset jotka ovat pyhiä ja pyhittyneitä voivat astua sinne. Sinä saatat miettiä kuinka suuri on tämä Uusi Jerusalem jonka Jumala on valmistanut Hänen todellisille lapsilleen.

Auttaaksemme sinua ymmärtämään asiaa hieman paremmin

käsitelkäämme Kiinan muuria joka on ihmiskunnan historian suurin rakenteellinen ihmetyö. Muurin koko pituus on noin 2,700 km, tai 1,700 mailia, mutta jos me laskemme mukaan myös kaikki sivuhaarat sen pituus on noin 6,500 km, tai 4,000 mailia. Tämä mahtava muuri ulottuu idästä länteen, ylittäen useita kukkuloita ja tasankoja, sekä aavikon, kuusi linnaa ja kaksi kaupunkia. Voitko sinä kuvitella muurin alkua ja loppua? Tämä on yksi antiikin maailman seitsemästä ihmeestä, ja useat ihmiset tahtovat vierailla sen luona.

Taivaan Uusi Jerusalem on kuitenkin paljon suurempi kuin Kiinan muuri. Syventykäämme seuraavaksi Uuden Jerusalemin kokoon ja muotoon, sekä näiden hengellisiin merkityksiin.

Kultaisella Ruo'olla Mitattu

On vain luonnollista että todellista uskoa omaavat ja Uudesta Jerusalemista unelmoivat ihmiset miettivät sen kokoa ja muotoa. Jumala on valmistanut Uuden Jerusalemin kauniisti ja loistavasti, sillä se on paikka Hänen todellisille lapsilleen jotka ovat pyhittyneitä ja täysin Herran kaltaisia.

Ilmestyskirja 21:15 kertoo kuinka enkeli seisoo kultaisen ruo'on kanssa, valmiina mittaamaan Uuden Jerusalemin porttien ja muurin koot. Mistä syystä Jumala sitten valmisti Uudesta Jerusalemista sellaisen että se on mitattavissa kultaisella ruo'olla?

Kultaisella ruo'olla mittaaminen

Kultainen ruoko on eräänlainen suora mitta jolla taivaassa mitataan pituutta. Jos sinä tiedät mitä kulta ja ruoko tarkoittavat, niin silloin sinä ymmärrät syyn siihen että Jumala mittaa Uuden Jerusalemin kokoa kultaisella ruo'olla.

Kulta merkitsee "uskoa", sillä se ei koskaan muutu. Job tunnustaa Jobin kirjan luvussa 23:10: *"Sillä hän tietää, kussa minä kuljen. Jos hän tutkisi minut, kullan kaltaisena minä selviäisin."* Joten kultaisen ruo'on kulta symboloi sitä että Jumala mitta on tarkka ja ikuisesti muuttumaton, ja että Hänen lupauksensa tullaan pitämään.

Ruoko on pitkä ja reunoiltaan pehmeä. Se heiluu helposti tuulen mukana mutta se ei koskaan katkea; se on samanaikaisesti sekä taipuisa että luja. Ruo'oissa on pahkoja, ja tämä symboloi sitä että Jumala palkitsee ihmisen tämän tekojen mukaisesti.

Joten Jumala mittaa Uuden Jerusalemin kultaisella ruo'olla sen tähden, että Hän mittaa jokaisen ihmisen uskon tarkasti ja palkitsee heidät heidän tekojensa mukaan.

Tarkistelkaamme seuraavaksi ruo'on piirteitä ja hengellistä merkitystä voidaksemme ymmärtää miksi Jumala mittaa Uuden Jerusalemin kokoa kultaisella ruo'olla.

Uskoa mittaavan ruo'on piirteitä

Ensinnäkin, ruo'oilla on erittäin vahvat, syvät juuret. Ne ovat 1-3 metriä, noin 3-10 jalkaa, pitkiä, ja ne kasvavat soiden tai järvien hiekassa. Ne näyttävät omaavan heikot juuret, mutta silti niitä ei ole helppo repiä maasta.

Samalla tavalla Jumalan lasten tulisi olla syvälle uskoonsa juurtuneita ja heidän tulee seistä totuuden kalliolla. Sinä voit astua Uuteen Jerusalemiin jonka kokoa mitataan kultaisella ruo'olla vasta sitten kun sinä omaat muuttumattoman uskon joka ei horju missään olosuhteissa. Tästä syystä apostoli Paavali rukoili Efesoksen uskovien puolesta, "*...ja Kristuksen asua uskon kautta teidän sydämissänne, niin että te, rakkauteen juurtuneina ja perustuneina...*" (Efesolaiskirje 3:17)

Toisekseen, ruokojen reunat ovat erittäin pehmeitä. Jeesus ei koskaan riidellyt tai kohottanut ääntään, sillä Hänellä oli ruo'on kaltainen lempeä ja nöyrä sydän. Jopa silloin kuin muut kritisoivat tai vainosivat Jeesusta, Hän ei väittänyt vastaan vaan yksinkertaisesti poistui vain paikalta.

Joten Uudesta Jerusalemista unelmoivien ihmisten tulisi omata nöyrä sydän Jeesus tapaan. Se, että sinä tunnet olosi epämukavaksi kun toiset huomauttavat sinua virheistäsi tai kun sinua torutaan, tarkoittaa, että sinun sydämesi on yhä kova ja ylpeä. Jos sinun sydämesi on pumpulin tavoin pehmeä ja nöyrä, sinä voit hyväksyä nämä asiat ilolla ilman että sinä katuisit tai olisit tyytymätön.

Kolmanneksi, ruo'ot huojuvat helposti tuulen mukana mutta ne eivät katkea helposti. Voimakkaan hirmumyrskyn jälkeen suuretkin puut voivat joskus kaatua juurineen, mutta ruo'ot eivät yleensä katkea kovassakaan tuulessa, sillä ne ovat hyvin taipuisia. Joskus tämän maailman ihmiset vertaavat naisten sydämiä ja mieliä ruokoon tarkoittaen tällä pahaa, mutta Jumalalle tämä vertaus tarkoittaa täysin päinvastaista. Ruo'ot ovat pehmeitä ja ne voivat vaikuttaa erittäin heikoilta, mutta ne ovat niin vahvoja etteivät ne katkea kovissakaan tuulissa, ja lisäksi ne myös omaavat niiden valkeiden ja eleganttien kukkien kauneuden.

Ruo'ot voivat symboloida tiettyjen tuomioiden oikeudenmukaisuutta, sillä ne omaavat useita eri piirteitä kuten pehmeyden, lujuuden ja kauneuden. Näiden ruokojen piirteiden voidaan katsoa sopivan myös Israelin valtioon. Israelilla on suhteellisen pieni pinta-ala ja väkiluku, ja se on vihamielisten naapureiden ympäröimä. Israel saattaa vaikuttaa heikolta maalta mutta se ei koskaan murru missään olosuhteissa. Tämä johtuu siitä että heillä on niin luja usko Jumalaan. Tämä usko on juurtunut uskon esi-isiin, Aabraham mukaanlukien. Israelilaisten usko sallii heidän seistä vakaasti paikallaan vaikka maa näyttääkin olevan murtumaisillaan.

Samaan tapaan meidänkin on omattava usko joka ei koskaan horju missään olosuhteissa päästäksemme Uuteen Jerusalemiin. Niin kuin vahvajuuriset ruo'ot, meidänkin on juurruttava kallioomme Jeesukseen Kristukseen.

Neljänneksi, ruokojen varret ovat suoria ja sileitä, minkä johdosta niitä on usein käytetty kattojen, nuolien, tai kynien tekemiseen. Suora varsi vihjaa myös eteenpäin liikkumista. Uskon sanotaan olevan "elossa" vain silloin kun se jatkaa eteenpäin liikkumista. Ne jotka parantavat ja kehittävät itseään tulevat kasvamaan uskossa päivä päivältä, ja he jatkavat taivasta kohti etenemistä.

Jumala valitsee nämä hyvät astiat jotka etenevät kohti taivasta, jalostaen ja tehden heistä täydellisiä jotta he voisivat astua Uuteen Jerusalemiin. Joten meidän tulee edetä kohti taivasta niinkuin lehdet jotka versoavat suoran varren latvuksesta.

Viidenneksi, ruo'ot näyttävät hyvin pehmeiltä ja kauniilta, ja niiden lehdet ovat viehättäviä ja elegantteja. Monet runoilijat kirjoittavatkin ruokojen kukista halutessaan kuvata kaunista maisemaa. 2. Korinttolaiskirjeen 2:15 mukaisesti: *"Sillä me olemme Kristuksen tuoksu Jumalalle sekä pelastuvien että kadotukseen joutuvien joukossa."* Uskon kalliolla seisovat ihmiset tuoksuvat Kristukselle. Tämänkaltaisen sydämen omaavilla ihmisillä on kauniit ja lohduttavat kasvot, ja ihmiset voivat kokea taivaan näiden ihmisten kautta. Joten voidaksesi astua Uuteen Jerusalemiin sinun on omattava Kristuksen suloinen tuoksu joka on ruo'on pehmeiden kukkien ja eleganttien lehtien kaltainen.

Kuudenneksi, ruokojen lehdet ovat ohuita ja niiden reunat ovat niin teräviä että ne voivat rikkoa ihon jos ne sipaisevat sitä. Uskon omaavat ihmiset eivät saa tehdä kompromissia syntien suhteen, vaan samalla tavalla heidän on oltava terän kaltaisia heittämällä pois kaikenlaisen pahan.

Daniel oli kuninkaan rakastama ministeri mahtavassa Persiassa. Kateellisten, pahojen miesten takia hän kuitenkin joutui oikeuteen joka tuomitsi hänet leijonien luolaan. Hän ei kuitenkaan antanut periksi vaan piti lujasti kiinni uskostaan. Tämän tuloksena Jumala lähetti Hänen enkelinsä sulkemaan leijonien kidat ja Hän salli Danielin kirkastaa Jumalaa kuninkaan ja koko kansan edessä.

Danielin uskon kaltainen usko miellyttää Jumalaa, sillä tämä usko ei anna periksi maailman edessä. Hän suojelee tämänkaltaisen uskon omaavia kaikenlaisilta vaikeuksilta ja koettelemuksilta, ja sallii heidän kirkastaa Häntä lopussa. Hän myös siunaa heitä ja tekee heidät *"pääksi eikä hännäksi"*, minne tahansa he menevätkin (5 Moos. 28:1-14).

Lisäksi Sananlaskut 8:13 kertoo meille, että *"Herran pelko on pahan vihaamista."* Sinun on heitettävä paha pois jatkuvan rukoilun ja paastoamisen avulla jos sinä kannat sitä sydämessäsi. Sinä tulet pyhitetyksi ja omaat Uuteen Jerusalemiin vaadittavat edellytykset vasta sitten kun sinä et anna periksi syntien edessä vaan vihaat pahaa.

Me olemme käsitelleet miksi Jumala mittaa Uuden Jerusalemin kaupunkia kultaisella ruo'olla keskittymällä ruo'on kuuteen piirteeseen. Kultaisen ruo'on käyttö sallii meidän tietää että Jumala mittaa meidän uskomme tarkasti ja palkitsee meidät tarkasti sen mukaan mitä me olemme tässä maailmassa tehneet, ja että Hän pitää Hänen lupauksensa. Joten minä toivon että sinä ymmärrät että sinun tulee omata edellytykset jotka sopivat kultaisen ruo'on hengelliseen merkitykseen, heittää pois kaikenlaisen pahan, ja saavuttaa Herran sydämen.

Kuutionmuotoinen Uusi Jerusalem

Jumala on kirjannut erikseen Uuden Jerusalemin koon ja muodon Raamattuun. Ilmestyskirja 21:16 kertoo meille että kaupunki on kuutionmuotoinen ja että sen leveys, pituus ja korkeus ovat noin 1,500 mailia (12,000 vakomittaa.) Jotkut saattavat kuvitella, "Tuntuuko meistä kuin me olisimme teljettyjä kaupunkiin?" Jumala on kuitenkin valmistanut Uuden

Jerusalemin hyvin mukavaksi ja viihtyisäksi. Uuteen Jerusalemiin ei voida nähdä sen ulkopuolelta, mutta sen muurien sisällä olevat ihmiset voivat kuitenkin nähdä sen ulkopuolelle. Toisin sanoen, ei ole mitään syytä miksi tuntea olonsa epämukavaksi tai teljetyksi.

Nelikulmion muotoinen Uusi Jerusalem

Miksi Jumala on sitten tehnyt Uudesta Jerusalemista neliskulmion muotoisen? Sama leveys ja pituus edustavat Uuden Jerusalemin järjestystä, tarkkuutta, oikeutta ja vanhurskautta. Jumala hallitsee kaikkia asioita jotta lukemattomat tähdet sekä kuu, aurinko, aurinkokunta ja muu maailmankaikkeus liikkuisivat täsmällisesti ja tarkasti ilman häiriöitä. Jumala on luonut Uudesta Jerusalemista nelikulmaisen ilmaistakseen että Hän hallitsee kaikkia asioita, historia mukaanlukien, tarkassa järjestyksessä, ja että Hän täyttää kaiken täsmällisesti loppuun saakka.

Uuden Jerusalemin leveys on sama kuin sen pituus, ja siinä on kaksitoista porttia ja kaksitoista perustusta, kolme kullakin laidalla. Tämä symboloi sitä että missä tahansa maan päällä sinä asutkin, sääntöjä sovelletaan tasavertaisesti kaikkiin jotka omaavat edellytykset Uuteen Jerusalemiin pääsyyn. Tämä tarkoittaa sitä että ihmiset jotka täyttävät kultaisen ruo'on mukaiset edellytykset tulevat pääsemään Uuteen Jerusalemiin heidän sukupuolesta, iästä ja rodusta riippumatta.

Tämä johtuu siitä että Jumala, joka on oikeudenmukainen ja rehellinen, tuomitsee oikeudenmukaisesti, ja Hän mittaa Uuden

Jerusalemin vaatimat edellytykset tarkasti. Lisäksi nelikulmio edustaa pohjoista, etelää, itää ja länttä. Jumala on valmistanut Uuden Jerusalemin, ja Hän kutsuu kaikista maista ja jokaisesta ilmansuunnasta Hänen täydellisiä lapsiaan jotka ovat pelastuneet uskonsa kautta.

6,000 ri:n levyinen, pituinen ja korkuinen

Ilmestyskirja 21:16 sanoo: *"Ja kaupunki oli neliskulmainen, ja sen pituus oli yhtä suuri kuin sen leveys. Ja hän mittasi sillä ruovolla kaupungin: se oli kaksitoista tuhatta vakomittaa. Sen pituus ja leveys ja korkeus olivat yhtä suuret."* '1,500 mailia' on muutettu 'kahdeksitoista tuhanneksi vakomitaksi', joka on Israelissa käytetty pituusmitta. Kun tämä muutetaan ri:ksi, joka on Koreassa käytetty perinteinen pituusmitta, tämä pituus on noin 6,000 ri:tä, tai noin 24,000 kilometriä. Joten kuutionmuotoinen Uusi Jerusalem on noin 6,000 ri:n leveinen, pituinen ja korkuinen.

Ilmestyskirja 21:17 puolestaan sanoo: *"Ja hän mittasi sen muurin: se oli sata neljäkymmentä neljä kyynärää, ihmismitan mukaan, joka on enkelin mitta."*

Uuden Jerusalemin muurit ovat 72 jaardia paksut. '72 jaardia' on noin '144 kyynärää', tai 65 metriä, tai 213 jalkaa. Koska Uusi Jerusalem on valtavan kokoinen, myös sen muurit ovat uskomattoman paksuja.

6,000 ri:n Hengellinen Merkitys

Minkä takia Jumala on sitten asettanut Uuden Jerusalemin leveyden, pituuden ja leveyden 6,000 ri:ksi? Tässä näkyy Jumalan tarkka ja syvällinen kaukonäköisyys.

6,000 ri:n leveyden ja pituuden merkitys

Genesis 1 kertoo meille, että Jumala loi taivaan ja maan kuudessa päivässä ja lepäsi sitten seitsemäntenä päivänä. 2. Piet. 3:8 muistuttaa meitä: *"Mutta tämä yksi älköön olko teiltä, rakkaani, salassa, että 'yksi päivä on Herran edessä niinkuin tuhat vuotta ja tuhat vuotta niinkuin yksi päivä'"*. Kuusipäiväisen luomisen jälkeisen Jumalan lepopäivän tavoin Jumala tulee asettamaan 6,000 vuoden ihmiskasvatusta seuraavan vuosituhantisen levon.

Jumala on kasvattanut ihmisiä tämän maan päällä sen jälkeen kun Aatami ja Eeva kirottiin ja ajettiin ulos Eedenin puutarhasta. Tämän 6,000 vuotisen ihmiskunnan kasvatuksen jälkeen Jumalan todelliset, kokonaan pyhittyneet lapset tulevat astumaan Uuteen Jerusalemiin. Jumala on asettanut Uuden Jerusalemin leveydeksi ja pituudeksi 6,000 ri:tä symboloidakseen 6,000 vuotta kestävää ihmisten kasvatusta maan päällä.

Tämä ei kuitenkaan tarkoita että maailman historia olisi vain 6,000 vuoden pituinen. Jumala oli valmistanut Eedenin puutarhan ja johdattanut Aatamin sinne ennen kuin tämä söi hyvän- ja pahantiedon puusta. Näiden kahden tapahtuman välillä ehti kuitenkin kulua kauan aikaa. Aatami ei syönyt hyvän-

ja pahantiedon puusta heti sen jälkeen kun Jumala kielsi häntä syömästä sen hedelmiä. Tämä tapahtui vasta pitkän ajan kuluttua jonka aikana hän Jumalan kehotuksesta synnytti useita lapsia.

Monet elävät olennot elivät ja kuolivat sen pitkän ajan kuluessa kun Aatami eli Eedenin puutarhassa. Tämän tähden "6,000" vuotta ei sisällä tätä ajanjaksoa, vaan sen lasketaan alkaneen siitä kun Aatami söi hyvän- ja pahantiedon puusta ja hänet ajettiin ulos tähän maailmaan.

6,000 vuotta kestäneen ihmiskasvatuksen muistaminen

Jumala on asettanut Uuden Jerusalemin leveydeksi ja pituudeksi 6,000 *ri:tä* muistuttaakseen kaikkia kaupungin sisä- ja ulkopuolella olevia ihmisiä siitä, että he astuivat taivaaseen 6,000 vuotta kestäneen ihmisten kasvatuksen jälkeen.

Ihmisillä on tapana unohtaa asioita ajan kuluessa. Usein ihmiset unohtavat kuinka muut ihmiset ovat armahtaneet heitä, eivätkä he tunne sydämissään kiitollisuutta. Taivaassa ihmisten sydämet eivät tietenkään koskaan muutu, sillä he ovat hengen ihmisiä. Näin pitkän ajan kuluessa se, että heitä joskus kasvatettiin maan päällä, saattaa kuitenkin tulla hieman ylenkatsotuksi.

Tämän saman periaatteen mukaisesti me nautimme Pyhän ehtoollisen muistona siitä pelastuksen armosta, jonka me olemme saaneet Herran ristin kautta.

6.000 ri:n korkeuden hengellinen merkitys

Miksi Jumala on sitten asettanut Uuden Jerusalemin korkeudeksi 6,000 *ri:tä?* Se olisi voinut olla 3,000, 4,000, tai jopa 5,000 *ri:tä*, mutta se on 6,000 ri:tä sen tähden, että Uusi Jerusalem on astia joka kantaa sisällään kaikkia 6,000 vuoden aikana ihmisten kasvatuksesta lähtöisin olevia hedelmiä.

Jumala säilöö ja palkitsee kaiken mitä Hänen lapsensa ovat tehneet uskossaan 6,000 ihmisten kasvatuksen vuoden aikana.

Kuten selitin kappaleessa 1, 6,000 *ri:tä* korkean Uuden Jerusalem sisältää huipun, jossa Jumala muodosti itsestään Kolminaisuuden. Tässä paikassa Jumala, joka oli koko maailmankaikkeuden yli levittäytyvä kirkas, soivan äänen sisältävä loistava valo, suunnitteli ihmisten kasvatuksen omatakseen uskollisia lapsia, ja Hän muodosti itsestään Kolminaisuuden: Isän, Pojan, ja Pyhän Hengen.

Joten Jumala asetti huipun Uuden Jerusalemin 6,000 *ri:n* korkeuteen saavuttaakseen 6,000 vuotta ihmisten kasvatusta Kolminaisen Jumalan kautta, ja korjatakseen uskollisten lapsien sadon hyvät hedelmät. Tämän tähden Jumala lähetti Jeesuksen Pelastajana koko ihmiskunnalle, ja Hän salli Jeesuksen tulla ristiinnaulituksi avatakseen pelastuksen portit. Hän antaa Pyhän Hengen meille lahjana ja johdattaa meidät astumaan Uuteen Jerusalemiin Jumalan kadonneen kaltaisuuden löytämisen kautta.

Jumala valitsi Korean viimeisten päivien aikana

Eri maat käyttävät eri mittayksiköitä pituuden mittaamiseen. Israelilla oli vakomitta, useat länsimaat käyttävät mailia, ja Korealla on ri. Mikä on sitten syy siihen että leveys, pituus ja korkeus kaikki ovat 6,000 *ri:tä*, liittäen Jumalan suunnitelman 6,000 vuotta kestävästä ihmisten kasvatuksesta Koreassa käytettävään mittayksikköön?

6,000-vuotinen ihmisten kasvatus ja Uuden Jerusalemin 6,000 ri:n leveys, pituus ja korkeus liittyvät toisiinsa sen tähden, että tämä kertoo että viimeisinä päivinä Jumala käyttää tätä maata täyttääkseen Hänen suunnitelmansa.

Miksi juuri Korea on sitten valittu? Historiallisesti korelaiset ovat olleet homogeeninen kansa, ja he ovat eläneet hyvyyttä tavoitellen niin, että maata on kutsuttu "Idän Huomaavaisuuden Maaksi." Nöyräsydämiset korealaiset eivät koskaan hyökänneet muita kansoja vastaan vaikka heitä vastaan onkin hyökätty usein. Jumala vuodattaa Hänen armonsa tämän maan päälle, sillä korelaiset ovat seuranneet hyvyyden tietä.

Nykyään edes Euroopan tai Yhdysvaltojen kaltaisilla kristityillä alueilla ei ole monia kirkkoja, kun taas Koreasta löytyy helposti kirkkoja jopa pienistä tai kaukaisistakin kylistä. Kukaan ei voi kieltää etteikö Jumala olisi siunannut tätä maata hengellisesti. On hämmästyttävää että Korea, joka oli ennen kuvainpalvonnan maa, juhlistaa nykyään loistavia kristillisiä kulttuureita vaikka sen evankelioimisesta ei ole kulunut sataakaan vuotta, ja se lähettää ja tukee lukemattomia lähetystyöntekijöitä ympäri maailmaa. Jumala on valinnut Korean, ja Hän valuttaa

Hänen armonsa tämän maan päälle ja käyttää sitä Pyhän Hengen välineenä levittääkseen evankeliumia sekä herättääkseen sieluja hengellisestä unesta, jotta mahdollisimman moni ihminen voisi vastaanottaa Herran joka on tuleva pian takaisin.

Uuden Jerusalemin kaupunki on niin paljon suurempi kuin mikään tästä maasta löytyvä rakennus ettei sitä voida edes verrata mihinkään tämän maailman rakenteeseen. Kaikille sinne tahtoville ei kuitenkaan myönnetä lupaa sen sisälle astumiseen. Tämä paikka on vain ihmisille joiden sydämet ovat Jumalan sydämen kaltaisia, joka on kristallinkirkas ja kaunis.

Oikeudenmukainen Jumala palkitsee meidät sen mukaan mitä me olemme tehneet tämän maan päällä. Me voimme elää kirkkaudessa sitä kauniimmassa osassa taivasta mitä täydellisemmin me olemme heittäneet pois syntimme, tulleet pyhittyneiksi ja kirkastaneet Jumalaa.

Lisäksi meidän on omattava kultaisen ruo'on hengellisen merkityksen määrittelemät pääsyvaatimukset voidaksemme asua Uudessa Jerusalemissa, jossa Jumalan valtaistuin sijaitsee.

Joten minä rukoilen Herran Jeesuksen Kristuksen nimessä, että sinä saavuttaisit pyhityksen, täyttäisit kokonaan kaikki velvollisuutesi, ja olisit uskollinen koko Jumalan talossa jotta sinä voisit astua ja asua ikuisesti Uudessa Jerusalemissa.

ᑤ Luku 4 ᕗ

Puhtaasta Kullasta ja Kaikenvärisistä Jalokivistä Valmistettu

Ja sen muuri oli rakennettu jaspiksesta, ja kaupunki oli puhdasta kultaa, puhtaan lasin kaltaista.

- Ilmestyskirja 21:18

Taj Mahal, Indo-Persialaisen arkkitehtuurin huipentuma, on maailmankuulu mausoleumi. Pääportin jälkeen puutarhapuut reunustavat allasta josta maidonvalkea marmorikupoli heijastuu. Kupoli on suunniteltu niin että auringonsäteet läpäisevät sen muurin verkonmuotoisten ikkunoiden kautta. Sanotaan, että Taj Mahalin kauneus on erityisen uskomatonta kuunvalossa.

Mogulikeisari Mumtaj Shahjahan rakensi Taj Mahalin hänen kuolleen vaimonsa, Mumtaz Mahalin, muiston ja rakkauden merkiksi. Rakennustyöt alkoivat vuonna 1631 ja ne kestivät 22 vuotta, rasittaen valtion talouden äärimmilleen.

Kuvittele, että sinulla olisi valta ja vauraus rakentaa talo jossa sinä ja sinun rakkaimpasi tulisitte elämään ikuisesti. Kuinka sinä suunnittelisit sen? Mitä materiaaleja sinä käyttäisit? Sinä haluaisit luultavasti rakentaa talon kaikkein kauneimmalla ja viehättävimmällä tavalla välittämättä siitä kuinka paljon sen rakentaminen maksaisi, kuinka kauan se kestäisi, tai kuinka paljon työvoimaa sen rakentamiseen tarvittaisiin.

Eikö siis Isä Jumalakin haluaisi rakentaa ja koristella Uuden Jerusalemin kauniisti taivaan kauneimmilla materiaaleilla, sillä Hän tulee asumaan siellä ikuisesti Hänen rakkaiden lastensa kanssa? Jokaisella materiaalilla Uudessa Jerusalemissa on oma merkityksensä, tunnustaakseen ne tämän maailman ajat jotka me kestimme uskolla ja rakkaudella, ja kaikki nämä materiaalit ovat erittäin ihmeellisiä.

On vain luonnollista että Uudesta Jerusalemista unelmoivat ihmiset haluavat syvällä sydämessään tietää enemmän Uudesta Jerusalemista.

Jumala tuntee näiden ihmisten sydämet ja Hän on antanut meille Raamatussa paljon yksityiskohtaista informaatiota Uudesta Jerusalemista sen koon, muodon, ja jopa muurin paksuuden mukaanlukien

Mistä Uuden Jerusalemin kaupunki on sitten tehty?

Puhtaalla Kullalla ja Kaikenlaisilla Jalokivillä Koristeltu

Jumalan Hänen lapsilleen valmistama Uusi Jerusalem on valmistettu puhtaasta, muuttumattomasta kullasta, ja se on koristeltu muilla jalokivillä. Taivaassa ei ole mitään tämän maailman maaperän kaltaista materiaalia joka muuttuisi ajan kuluessa. Uuden Jerusalemin kadut on tehty puhtaasta kullasta ja sen perustukset jalokivistä. Jos sen elämän veden virran rannoilla oleva hiekka on kultaa ja hopeaa, niin kuinka paljon ihmeellisempiä ovat sitten muiden rakennusten materiaalit?

Uusi Jerusalem: Jumalan mestariteos

Kaikkien maailmankuulujen rakennusten loisto, arvo, tyyli, ja hienous vaihtelevat niihin käytettyjen materiaalien mukaan. Marmori on paljon kiiltävämpää, hienostuneempaa ja kauniimpaa kuin hiekka, puu tai sementti.

Pystyykö sinä kuvittelemaan kuinka kaunista ja loistavaa olisikaan jos sinä rakentaisit kokonaisen rakennuksen arvokkaista jalokivistä ja kullasta? Kuinka paljon kauniimpia ovatkaan sitten taivaan kauneimmista materiaaleista valmistetut rakennukset!

Jumalan voimalla valmistetut taivaan kulta ja jalokivet ovat hyvin erilaisia laadun, värin ja hienouden suhteen kun niitä verrataan tämän maan vastaaviin. Niiden puhtaus ja niistä loistava valo ovat niin kauniita ettei niitä voida edes kuvata sanojen avulla.

Jopa tässä maailmassa samasta savesta voidaan valmistaa monenlaisia eri astioita. Ne voivat olla kaunista posliinia tai halpoja saviastioita riippuen käytetyn saven laadusta ja savenvalajan taidoista. Jumalalta kesti tuhansia vuosia rakentaa Uusi Jerusalem, Hänen mestariteoksensa, joka on täynnä loistavaa, kallisarvoista ja täydellistä kaupungin Arkkitehdin kunniaa.

Puhdas kulta tarkoittaa uskoa ja ikuista elämää

Puhdas kulta on sataprosenttista kultaa ilman mitään epäpuhtauksia, ja se on ainoa asia tässä maailmassa joka ei koskaan muutu. Tämä piirteen tähden monet maat käyttävät sitä valuuttojensa ja vaihtokurssiensa takeena, ja sitä käytetään sekä koristuksissa että teollisiin tarkoituksiin. Puhdas kulta on monien ihmisten etsimä ja rakastama.

Jumala antoi meille kullan tähän maahan salliakseen meidän ymmärtää, että on asioita jotka eivät koskaan muutu, ja että ikuinen maailma on todellakin olemassa. Tähän maailmaan kuuluvat asiat kuluvat ja muuttuvat aikojen kuluessa. Olisi erittäin vaikeaa ymmärtää meidän rajoittuneen tietoutemme avulla että ikuinen taivas on olemassa jos me omaisimme vain tällaisia maallisia asioita.

Tämän tähden Jumala sallii meidän tietävän tämän muuttumattoman kullan avulla että on olemassa ikuisia asioita. Meidän osamme on ymmärtää, että on olemassa jotakin joka ei koskaan muutu, ja unelmoida taivaasta. Puhdas kulta edustaa hengellistä uskoa joka ei koskaan muutu. Joten jos sinä olet viisas, sinä yrität saavuttaa uskon joka on ikuisesti muuttumattoman kullan kaltainen.

Taivaassa on useita puhtaasta kullasta valmistettuja asioita. Kuvittele, kuinka kiitollisia me olisimmekaan katsoessamme taivasta joka on valmistettu puhtaasta kullasta. Kullasta, jota me olemme pitäneet kaikista kallisarvoisimpana asiana tässä maailmassa!

Kuitenkin ihmiset jotka eivät ole viisaita rakastavat kultaa vain sen tähden että he voivat osoittaa sen avulla varakkuuttaan. Tämän mukaisesti he pysyvät loitolla Jumalasta eivätkä rakasta Häntä, ja lopulta he tulevat lankeamaan helvetin tulen tai palavan tulikiven järveen ja katumaan ikuisesti:

"Minä en joutuisi katumaan helvetissä jos olisin pitänyt uskoa yhtä kallisarvoisena kuin mitä pidin kultaa."

Joten minä toivon että sinä olisit viisas ja että sinä yrittäisit saavuttaa taivaan koettamalla omata muuttumattoman uskon, et vain tämän maailman kultaa jonka sinun tulee jättää taaksesi kun elämäsi maan päällä päättyy.

Jalokivet edustavat Jumalan kirkkautta ja rakkautta

Jalokivet ovat kovia ja ne taittavat valoa eri tavoin. Ne omaavat ja säihkyvät kauniita värejä ja valoja. Niitä rakastetaan ja pidetään kallisarvoisina, sillä niitä ei tuoteta kovin paljon. Taivaassa Jumala tulee vaatettamaan kallisarvoisella pellavalla ne jotka ovat saavuttaneet taivaan uskonsa avulla, ja Hän myös koristelee heidät runsain jalokivin osoittaakseen rakkautensa.

Ihmiset rakastavat jalokiviä ja yrittävät tehdä itsestänsä kauniimpia koristelemalla itsensä erilaisilla koristeilla. Kuinka ihastuttavaa se tuleekaan olemaan, kun Jumala antaa sinulle taivaassa useita loistavia jalokiviä?

Joku saattaa kysyä, "Miksi me tarvitsemme jalokiviä taivaassa?" Taivaassa jalokivet edustavat Jumalan kirkkautta, ja palkkioina saatujen jalokivien määrä edustaa Jumalan rakkauden määrää tätä henkilöä kohtaan.

Taivaassa on lukematon määrä erilaatuisia ja –värisiä jalokiviä. Uuden Jerusalemin kahtatoista perustusta varten on läpinäkuultavia tummansinisiä safiireita; läpikuultavan vihreitä smaragdeja; tummanpunaisia rubiineja; sekä läpikuultavia, kellertävän vihreitä krysoliittejä. Berylli on sinertävän vihreä ja muistuttaa meitä kirkkaasta merivedestä, ja topaasilla on vaalea oranssi väri. Krysopraasi on osittain läpikuultava ja tummanvihreä, ja ametystillä on vaalean violetti tai tumma purppurainen väri.

Näiden lisäksi on olemassa lukemattomia erivärisiä jalokiviä jotka loistavat kauniissa väreissä, kuten jaspis, kalsedoni, sardonyksi ja hyasintti. Kaikilla näillä jalokivillä on erilaiset nimet ja eri merkitykset, aivan kuten tämänkin maan jalokivillä. Jokaisen jalokiven nimi ja väri on yhdistetty, jotta se osoittaisi arvokkuutta, ylpeyttä, arvoa, sekä kirkkautta.

Taivaalliset jalokivet luomisen voiman kiillottamia

Tämän maailman jalokivet loistavat eri värisinä ja eri kirkkauksilla eri kulmista riippuen. Samalla tavalla taivaan jalokivillä on eri värejä ja kirkkauksia, ja erityisesti Uuden Jerusalemin jalokivet loistavat ja välittävät valoja kaksin- tai kolminkerroin kirkkaammin.

Nämä jalokivet ovat tietenkin vertaamattoman verran kauniimpia verrattuna tästä maailmasta löydettäviin jalokiviin, sillä itse Jumala on kiillottanut ne luomisen voimalla. Tämän tähden apostoli Johannes vertasi Uuden Jerusalemin kauneutta kaikkein kalleimpien kivien kauneuteen.

Uuden Jerusalemin jalokivet säihkyvät paljon kauniimmin kuin taivaan muiden asuinpaikkojen jalokivet, sillä Uuteen Jerusalemiin astuvat Jumalan lapset ovat täyttäneet Jumalan tahdon kokonaan ja tuottaneet Hänelle kunniaa. Joten sekä Uuden Jerusalemin sisä- että ulkopuoli ovat monenlaisten ja eriväristen kauniiden jalokivien koristamat. Näitä jalokiviä ei kuitenkaan anneta kenelle tahansa, vaan ne annetaan palkkioina ihmisten tämän maan päällä tehtyjen uskontekojen perusteella.

Mistä Uuden Jerusalemin muurit on tehty?

Uudella Jerusalemilla on sekä ulko- että sisämuuri, ja toinen näistä on valmistettu jaspiksesta ja toinen puhtaasta kullasta. Tämä ei kuitenkaan tarkoita sitä että sisä- ja ulkomuuri olisivat toisistaan erillään, vaan ne ovat kuin kaksi yhteenpainettua paperiarkkia. Katsoessasi Uuden Jerusalemin muureja ulkopuolelta sinä näet jaspiksen, ja sisäpuolelta katsottaessa sinä näet puhtaan kullan. Uuden Jerusalemin muurit eivät ole myöskään valmistettuja pelkistä jaspiksenpalasista, vaan ne edustavat Jumalan viisautta kauniiden kuvioiden ja kaavojen avulla.

Uuden Jerusalemin Muurit On Valmistettu Jaspiksesta

Ilmestyskirja 21:18 kertoo meille että Uuden Jerusalemin

muurit ovat on "rakennettu jaspiksesta." Voitko sinä kuvitella kuinka mahtavia Uuden Jerusalemin ympäri kiertävät jaspiksesta tehdyt muurit ovatkaan?

Jaspis edustaa hengellistä uskoa

Tästä maailmasta löydettävä jaspis on yleensä kova ja samea kivi. Sen värit vaihtelevat vihreästä ja punaisesta kellertävän vihreään. Jotkut sen värit voivat olla sekoittuneita ja joissakin niistä on täpliä. Kovuus vaihtelee väristä riippuen. Jaspis on suhteellisen halpaa ja osa siitä rikkoutuu helposti, mutta taivaallinen, Jumalan valmistama jaspis ei koskaan muutu tai rikkoudu. Taivaallinen jaspis on väriltään sinertävän valkoinen ja läpikuultava, ja katsoessasi sitä sinusta tuntuu kuin sinä katsoisit kirkasta vettä. Vaikka sitä ei voidakaan verrata mihinkään tämän maan päällä olevaan, se muistuttaa valtameren aalloista välkkyvää kirkasta, sinertävää auringonvaloa.

Jaspis edustaa hengellistä uskoa. Usko on tärkein ja perimmäisin elementti kristillisen elämän elämisessä. Ilman uskoa sinä et voi saada pelastusta tai miellyttää Jumalaa. Sinä et voi myöskään astua Uuteen Jerusalemiin jos et omaa sellaista uskoa joka miellyttää Jumalaa.

Joten Uuden Jerusalemin kaupunki on rakennettu uskolla, ja tämän uskon väriä edustava jalokivi on jaspis. Tämän tähden Uuden Jerusalemin muurit on valmistettu jaspiksesta.

Pystyisivätkö ihmiset ymmärtämään kyseistä ilmaisua jos Raamattu sanoisi "Uuden Jerusalemin muurit on valmistettu uskosta"? Tietenkään ihmiset eivät ymmärtäisi ihmisten mielillään, ja heille olisi erittäin vaikeaa yrittää edes kuvitella kuinka kauniisti Uusi Jerusalem on koristeltu.

Muurit on koristeltu kauniisti jaspiksella

Jaspiksesta valmistetut muurit säihkyvät kirkkaasti Jumalan kirkkauden valossa, ja ne on koristeltu useilla erilaisilla kuvioilla ja kaavoilla.

Uuden Jerusalemin kaupunki on Luojan mestariteos, ja se on ikuisen levon paikka 6,000 vuoden ihmiskasvatuksen parhaille hedelmille. Kuinka loistava, kaunis ja ihmeellinen tämä kaupunki onkaan!

Meidän tulee ymmärtää että Uusi Jerusalem on valmistettu sellaisella teknologialla ja laitteistolla joita me emme voi edes ymmärtää.

Kuten minä selitin luvussa 3, siitä huolimatta että muurit ovat läpinäkyviä sen sisäpuolta ei voida nähdä ulkopuolelta käsin. Tämä ei kuitenkaan tarkoita sitä, että kaupungin sisällä olevat ihmiset tuntisivat olevansa teljettyjä kaupungin muurien sisäpuolelle. Uuden Jerusalemin asukkaat voivat nähdä kaupungin ulkopuolelle sen sisältä käsin minkä johdosta tuntuu kuin siellä ei olisi ollenkaan muureja. Kuinka ihmeellistä tämä onkaan!

Valmistettu Puhtaan Lasin Kaltaisesta Puhtaasta Kullasta

Ilmestyskirjan 21:18 jälkimmäinen osa sanoo: *"kaupunki oli puhdasta kultaa, puhtaan lasin kaltaista."* Tarkistelkaamme seuraavaksi kullan ominaispiirteitä voidaksemme paremmin kuvitella minkälainen Uusi Jerusalem on, ja voidaksemme paremmin käsittää sen kauneuden.

Puhtaan kullan arvo on muuttumaton

Kulta ei hapetu ilman tai veden vaikutuksesta. Se ei muutu ajan kuluessa eikä se reagoi kemiallisesti minkään muun aineen kanssa. Kulta säilyttää saman, ihmeellisen loistonsa. Tässä maassa kulta on liian pehmeää joten me valmistamme siitä metalliseoksia; taivaassa kulta ei kuitenkaan ole liian pehmeää. Taivaassa kulta ja jalokivet loistavat eri väreissä ja ne ovat eri kovuudeltaan erilaisia kuin tämän maan vastaavat, sillä taivaassa ne ottavat vastaan Jumalan kirkkauden valoa.

Jopa tässä maailmassa jalokivien eleganssi ja arvo vaihtelevat jalokivisepän taitojen ja tekniikan mukaan. Kuinka arvokkaita ja kauniita Uuden Jerusalemin jalokivet sitten ovatkaan kun ne ovat itse Jumalan koskettamia ja muovaamia?

Taivaassa ei ole ahneutta tai halua omistaa kauniita ja hyviä esineitä. Tässä maailmassa ihmisillä on tapana rakastaa jalokiviä ylenpalttisuuden ja tyhjänpäiväisen maineen tähden. Taivaassa ihmiset kuitenkin rakastavat jalokiviä hengellisesti, sillä he tietävät kaikkien niiden hengellisen merkityksen ja sen kuinka ne liittyvät sen Jumalan rakkauteen joka on valmistanut taivaan ja koristanut sen kauniisti jalokivillä.

Jumala valmisti Uuden Jerusalemin puhtaasta kullasta

Miksi Jumala on sitten valmistanut Uuden Jerusalemin puhtaan lasin kaltaisesta puhtaasta kullasta? Kuten selitin jo aiemmin, puhdas kulta edustaa hengellisesti uskoa, uskon kautta syntynyttä toivoa, vaurautta, kunniaa, sekä valtaa. "Uskon kautta syntynyt toivo", tarkoittaa sitä että sinä voit saada pelastuksen, unelmoida Uudesta Jerusalemista, heittää pois syntisi, yrittää pyhittää itsesi sekä odottaa tulevia palkkoita toivolla sen tähden että sinä omaat uskoa.

Joten Jumala on valmistanut tämän kaupungin puhtaasta kullasta niin että ne, jotka astuvat sinne palavalla toivolla, olisivat ikuisesti täynnä onnea ja kiitollisuutta.

Ilmestyskirja 21;18 kertoo meille että Uusi Jerusalem on "puhtaan lasin kaltainen." Tämän tarkoitus on ilmaista kuinka kirkas ja puhdas Uuden Jerusalemin maisema on. Taivaan kulta ja sen kirkkaus on puhdasta ja puhtaan lasin kaltaista, toisin kuin tästä maasta löydettävä samea kulta.

Uusi Jerusalem on kirkas ja puhdas ilman mitään epäpuhtauksia sillä se on valmistettu puhtaasta kullasta. Tämän takia apostoli Johannes sanoi kaupungin olevan *"puhdasta kultaa, puhtaan lasin kaltaista."*

Yritä kuvitella Uuden Jerusalemin kaupunkia joka on valmistettu puhtaasta kullasta sekä useista erilaisista ja kauniista

TAIVAS II

jalokivistä jotka loistavat eri väreissä.

Sen jälkeen kun minä otin Herran vastaan, minä olen pitänyt kultaa ja jalokiviä tavallisina kivinä enkä minä ole halunnut omistaa niitä. Minä olin täynnä toivoa taivaaseenpääsystä enkä minä rakastanut tämän maailman asioita. Kun minä kuitenkin rukoilin oppiakseni taivaasta, Herra sanoi minulle: "Taivaassa kaikki on valmistettu kauniista jalokivistä ja kullasta; sinun tulisi rakastaa näitä." Hän ei tarkoittanut että minun tulisi alkaa keräämään kultaa ja jalokiviä. Sen sijaan minun tuli ymmärtää Jumalan suunnitelma ja näiden jalokivien hengellinen merkitys ja rakastaa niitä tavalla jonka Jumala hyväksyi.

Minä kehotan sinua rakastamaan kultaa ja jalokiviä hengellisesti. Nähdessäsi kultaa sinun tulisi ajatella "minun tulisi omata puhtaan kullan kaltainen usko." Nähdessäsi erilaisia jalokiviä sinä voit unelmoida taivaasta, sanoen: "Kuinka kaunis minun taloni tulee olemaan taivaassa?"

Minä rukoilen Herran Jeesuksen Kristuksen nimessä, että omaamalla puhtaan kullan kaltaisen uskon ja kiirehtimällä kohti taivasta sinä omaisit taivaallisen talon joka on valmistettu ikuisesti muuttumattomasta kullasta ja ihmeellisistä jalokivistä.

ᏍᎪLuku 5ᏃᎤ

Kahdentoista Perustuksen Merkitys

Ja kaupungin muurin perustukset olivat kaunistetut kaikkinaisilla kalleilla kivillä; ensimmäinen perustus oli jaspis, toinen safiiri, kolmas kalkedon, neljäs smaragdi, viides sardonyks, kuudes sardion, seitsemäs krysoliitti, kahdeksas berylli, yhdeksäs topaasi, kymmenes krysoprasi, yhdestoista hyasintti, kahdestoista ametisti.

- Ilmestyskirja 21:19-20

Apostoli Johannes kirjoitti että Uuden Jerusalemin muurit oli valmistettu hengellistä uskoa edustavasta jaspiksesta, ja kaupunki itse oli valmistettu uskon kautta saavutettua toivoa edustavasta puhtaasta kullasta. Hän myös kirjoitti yksityiskohtaisesti kahdestatoista perustuksesta. Miksi apostoli Johannes käsitteli Uutta Jerusalemia niin yksitoiskohtaisesti? Jumala tahtoo että Hänen lapsensa omaavat ikuisen elämän ja todellisen uskon tietämällä Uuden Jerusalemin kahdentoista perustuksen hengellisen merkityksen.

Joten Jumalan palvelijoiden tulisi ymmärtää niiden merkityksen palavien rukousten avulla sekä opettaa ja ohjata

73

laumojaan tämän mukaisesti.

Miksi Jumala sitten valmisti kaksitoista perustusta kahdestatoista jalokivestä? Kahdentoista jalokiven yhdistelmä edustaa Jeesuksen Kristuksen ja Jumalan sydäntä, rakkauden huippua. Joten sinä voit saada helposti selville kuinka paljon sinun sydämesi on Jeesuksen Kristuksen sydämen kaltainen ja kuinka lähellä sinä olet Uuteen Jerusalemiin pääsyä jos sinä ymmärrät jokaisen kahdentoista jalokiven hengellisen merkityksen

Tutkikaamme seuraavaksi kahtatoista jalokiveä ja niiden hengellistä merkitystä.

Jaspis: Hengellinen Usko

Uuden Jerusalemin muurien ensimmäiset jaspiksesta valmistetut perustukset edustavat hengellistä uskoa. Tässä "hengellinen usko" viittaa sellaiseen uskoon jonka avulla sinä voit uskoa koko Jumalan Sanaan syvällä sydämessäsi. Tällaisen tekojen säestämän uskon omaava henkilö yrittää tulla pyhitetyksi ja kiiruhtia kohti Uutta Jerusalemia. Hengellinen usko on kaikista tärkein kristillisen elämän elementti. Ilman uskoa sinä et voi tulla pelastetuksi, saada rukousvastauksia tai toivoa pääseväsi taivaaseen.

Hengellinen usko on kristillisen elämän perusta

Heprealaiskirje 11:6 muistuttaa meitä: *"Mutta ilman uskoa on mahdoton olla otollinen; sillä sen, joka Jumalan tykö tulee, täytyy uskoa, että Jumala on ja että hän palkitsee ne, jotka häntä etsivät.*" Omatessasi uskoa sinä uskot Jumalaan joka palkitsee sinut, ja sitten sinä voit olla uskollinen, taistella syntejä vastaan heittääksesi ne pois ja kävellä pitkin kapeaa polkua. Sinä voit myös tehdä hyviä asioita palavasti ja astua Uuteen Jerusalemiin seuraamalla Pyhää Henkeä.

Joten usko on kristillisen uskon perusta. Rakennus ei ole turvallinen ilman tukevaa perustusta, ja samalla tavalla sinä et voi elää oikeaa kristillistä elämää ilman tukevaa uskoa. Tämän tähden Juud. 1:20-21 kehottaa meitä: *"Mutta te, rakkaani, rakentakaa itseänne pyhimmän uskonne perustukselle, rukoilkaa Pyhässä Hengessä ja pysyttäkää niin itsenne Jumalan rakkaudessa, odottaessanne meidän Herramme Jeesuksen Kristuksen laupeutta iankaikkiseksi elämäksi."*

Usko voidaan jakaa yleisesti ottaen "hengelliseen uskoon" ja "lihalliseen uskoon." Lihallisen uskon ollessa uskoa joka on täynnä pelkkää tietoa, hengellinen usko on tekojen säestämää uskoa joka on peräisin syvältä henkilön sydämestä. Jumala ei tahdo lihallista, vaan hengellistä uskoa. Jos sinulla ei ole hengellistä uskoa sinun "uskosi" ei ole tekojen säestämää, ja sinä et voi miellyttää Jumalaa tai astua Uuteen Jerusalemiin.

Tämän tähden Jumala on valmistanut Uuden Jerusalemin muurit hengellistä uskoa edustavasta jaspiksesta sekä valmistanut sen perustukset, ja Hän tahtoo johdattaa meidät tähän kaupunkiin.

Pietari sai taivaan kuningaskunnan avaimet

Tarkistelkaamme seuraavaksi yksilöä joka omasi

75

tämänkaltaisen uskon. Minkälaisen uskon apostoli Pietari omasi saadakseen nimensä kaiverretuksi yhteen Uuden Jerusalemin perustuksista? Me tiedämme että Pietari totteli Jeesusta jo ennen kuin hänestä tuli opetuslapsi; esimerkiksi silloin kun Jeesus sanoi tälle että hänen tulisi heittää verkot veteen Pietari noudatti Häntä samantien (Luukas 5:3-6). Myös silloin Pietari totteli Häntä uskossaan kun Jeesus pyysi tätä tuomaan aasin ja sen varsan (Matteus 21:1-7). Pietari totteli Jeesusta kun Hän pyysi tätä menemään järvelle, pyydystämään kalan, ja noukkimaan siitä kolikon (Matteus 17:27). Lisäksi hän myös käveli Jeesuksen tavoin vetten päällä, tosin vain hetkellisesti. Me voimme siis olettaa että Pietari omasi erittäin vahvan uskon.

Tämän johdosta Jeesus piti Pietarin uskoa vanhurskaana ja Hän antoi tälle avaimet taivaan kuningaskuntaan. Mitä tahansa Pietari sitoi maan päällä oli oleva sidottu taivaassa, ja mitä tahansa hän päästi maan päällä oli oleva päästetty taivaassa (Matteus 16:19). Pyhän Hengen saatuaan Pietarin usko tuli entistäkin täydellisemmäksi, ja Hän todisti rohkeasti Jeesuksesta Kristuksesta ja omistautui Jumalan valtakunnalle loppuelämänsä ajaksi aina siihen saakka kunnes hänestä tuli marttyyri.

Meidän tulee edetä kohti taivasta Pietarin tavoin, kirkastaa Jumalaa ja saavuttaa Uusi Jerusalem uskolla joka miellyttää Häntä.

Safiiri: Suoraselkäisyys ja Lahjomattomuus

Uuden Jerusalemin muurien toinen perustusmateriaali,

safiiri, on väritykseltään läpikuultava, tumma ja sininen. Mitä safiiri sitten merkitsee hengellisesti? Se edustaa itsensä totuuden suoraselkäisyyttä ja lahjomattomuutta, totuuden, joka seisoo vankkumatta tämän maailman kiusausten tai uhkien edessä. Safiiri on kivi, joka merkitsee totuuden valoa joka kulkee suoraan muuttamatta polkuaan, sekä "suoraselkäistä sydäntä" joka pitää Jumalan tahtoa oikeana.

Daniel ja hänen kolme ystäväänsä

Hyvä esimerkki Raamatusta löydettäväst hengellisestä suoraselkäisyydestä ja lahjomattomuudesta on Daniel ja hänen kolme ystäväänsä – Sadrak, Meesak ja Abednego. Daniel ei taipunut mihinkään mikä ei sopinut yhteen Jumalan vanhurskauden kanssa vaikka tämä olisikin kuninkaan määräys. Daniel piti kiinni vanhurskaudestaan Jumalan edessä kunnes hänet heitettiin leijonien luolaan. Jumala oli niin mielissään Danielin uskon lahjomattomuuden tähden että Hän suojeli tätä lähettämällä enkeleitä sulkemaan leijonien kidat, ja Hän salli Danielin kirkastaa Jumalaa suuresti.

Daniel 3:16-18 kertoo että myös Danielin kolme ystävää pitivät kiinni uskostaan suoraselkäisin sydämin kunnes heidät heitettiin tuliseen pätsiin. He tunnustivat pelotta kuninkaan edessä seuraavasti jotteivat he syyllistyisi väärään kuvainpalvontaan:

"Nebukadnessar! Ei ole tarpeellista meidän vastata

sinulle tähän sanaakaan Jos niin käy, voi meidän Jumalamme kyllä pelastaa meidät tulisesta pätsistä, ja hän pelastaa myös sinun kädestäsi, kuningas. Ja vaikka ei pelastaisikaan, niin tiedä se, kuningas, että me emme palvele sinun jumaliasi emmekä kumartaen rukoile kultaista kuvapatsasta, jonka sinä olet pystyttänyt"

Koska Jumala oli Danielin ystävien kanssa he eivät kärsineet lainkaan palovammoja vaikka heidät olikin heitetty pätsiin joka oli seitsemän kertaa tavallista kuumempi. Kuinka ihmeellistä onkaan, ettei edes yksi ainoa hius palanut heidän päästään eivätkä he haisseet lainkaan tulelta! Kaiken tämän todistanut kuningas joutui tunnustamaan: *"Kiitetty olkoon Sadrakin, Meesakin ja Abednegon Jumala, joka lähetti enkelinsä ja pelasti palvelijansa, jotka häneen turvasivat eivätkä totelleet kuninkaan käskyä, vaan antoivat ruumiinsa alttiiksi, ennemmin kuin palvelivat ja kumartaen rukoilivat muuta jumalaa kuin omaa Jumalaansa. Ja minä annan käskyn, että jokainen, olkoon hän mitä kansaa, kansakuntaa ja kieltä tahansa, joka puhuu pilkaten Sadrakin, Meesakin ja Abednegon Jumalasta, hakattakoon kappaleiksi, ja hänen talonsa tehtäköön soraläjäksi; sillä ei ole muuta jumalaa, joka niin voi pelastaa kuin tämä. "* (Daniel 3:28-29). Ja kuningas ylisti Jumalaa ja ylensi Danielin kolme ystävää.

Voidaksemme astua Uuteen Jerusalemiin meidän tulee omata suoraselkäinen sydän jota safiiri, toinen perustus, symboloi. Me emme voi astua Uuteen Jerusalemiin jos emme omaa suoraselkäistä sydäntä Danielin ja hänen kolmen ystävänsä tavoin vaikka me voimmekin astua taivaaseen sellaisen uskon avulla joka riittää pelastuksen vastaanottamiseen.

Meidän tulee pyytää uskossa ilman epäilyksiä

Jaak. 1:6-8 kertoo meille kuinka paljon Jumala vihaa sydämiä jotka eivät ole suoraselkäisiä:

> *Mutta anokoon uskossa, ollenkaan epäilemättä; sillä joka epäilee, on meren aallon kaltainen, jota tuuli ajaa ja heittelee. Älköön sellainen ihminen luulko Herralta mitään saavansa, kaksimielinen mies, epävakainen kaikilla teillään.*

Me olemme kaksimielisiä jos me emme omaa suoraselkäistä sydäntä ja epäilemme Jumalaa edes vähän. Tämän maailman kiusaukset vaivaavat epäilijöitä helposti sillä he ovat tarkkaamattomia ja kavalia. Lisäksi "kaksimieliset" ihmiset eivät näe Jumalan kirkkautta sillä he eivät pysty näyttämään uskoaan tai tottelemaan. Tämän tähden meitä muistutetaan, "Älköön sellainen ihminen luulko Herralta mitään saavansa."

Pian kirkkoni perustamisen jälkeen minun kolme tytärtäni melkein kuolivat häkämyrkytykseen. Minä en kuitenkaan ollut yhtään huolissani enkä ajatellut vieväni heitä sairaalaan sillä minä uskoin täysin kaikkivaltiaaseen Jumalaan. Minä yksinkertaisesti menin pyhättöön ja polvistuin kiitosrukoukseen. Tämän jälkeen minä rukoilin uskossa, "Minä käsken Jeesuksen Kristuksen nimessä! Myrkkykaasut, menkää pois!" Tällöin minun tajuttomina olleet tyttäreni nousivat välittömästi seisomaan yksitellen minun rukoillessani heidän puolestaan. Useat kirkkoni jäsenet todistivat tätä, ja he olivat hämmästyneitä ja iloisia, ja he ylistivät Jumalaa suuresti.

Me voimme ylistää Jumalaa rajattomasti ja elää siunattua elämää Kristuksessa jos meillä on uskoa joka ei koskaan taivu tämän maailman edessä, sekä Jumalaa miellyttävä, suoraselkäinen sydän.

Kalkedon: Viattomuus ja Uhrautuva Rakkaus

Kalkedon, Uuden Jerusalemin muurien kolmas perustus, symboloi hengellisesti viattomuutta ja uhrautuvaa rakkautta. Uhrautuva rakkaus on sellaista rakkautta joka ei koskaan pyydä mitään vastalahjaksi jos se on osoitettu vanhurskautta ja Jumalan kuningaskuntaa kohtaan. Uhrautuvan rakkauden omaava henkilö on tyytyväinen sen tähden että hän rakastaa muita kaikissa tilanteissa eikä hän etsi mitään tämän vastalahjaksi. Tämä johtuu siitä että hengellinen rakkaus ei etsi omaa etuaan vaan ainostaan toisten parasta.

Lihallista rakkautta omaava henkilö tuntee kuitenkin olonsa tyhjäksi, surulliseksi ja murheelliseksi jos muut eivät rakasta häntä takaisin. Tämä johtuu siitä että tämän kaltainen rakkaus on olemukseltaan itsekästä. Joten henkilö joka ei omaa uhrautuvaa sydäntä mutta joka omaa lihallista rakkautta voi lopulta alkaa vihaamaan muita tai tulla vihamieheksi niille joiden kanssa hän on ennen ollut läheinen.

Joten meidän tulee ymmärtää että todellinen rakkaus on Herran rakkautta. Herran, joka rakasti koko ihmiskuntaa ja josta tuli sovitusuhri.

Uhrautuva rakkaus joka ei etsi mitään vastalahjaksi

Meidän Herramme Jeesus, joka oli olemukseltaan Jumala, alensi itsensä mitättömäksi ja laskeutui lihassa maahan pelastaakseen ihmiskunnan. Hän syntyi tallissa ja makasi seimessä pelastaakseen eläimenkaltaiset ihmiset, ja Hän eli köyhyydessä koko elämänsä pelastaakseen meidät köyhyydestä. Jeesus paransi sairaita, voimisti heikkoja, antoi toivottomille toivoa ja ystävystyi syrjittyjen kanssa. Hän näytti meille pelkkää hyvyyttä ja rakkautta, mutta tämän johdosta Häntä pilkattiin, ruoskittiin ja lopulta Hänet ristiinnaulittiin orjantappurakruunu päässään. Tämä tapahtui pahojen ihmisten toimesta jotka eivät ymmärtäneet että Hän oli saapunut Pelastajana.

Jopa silloin kun Hän kärsi ristiinnaulitsemisen kivuista Jeesus rukoili Isä Jumalaa, rakastaen niitä jotka olivat pilkanneet ja ristiinnaulinneet Hänet. Hän oli syytön ja tahraton mutta silti Hän uhrasi itsensä syntisten ihmisten puolesta. Meidän Herramme antoi tämän uhrautuvan rakkauden koko ihmiskunnalle, ja Hän tahtoo kaikkien rakastavan toisiaan. Joten meidän, jotka olemme saaneet tämänkaltaisen rakkauden Herralta, ei tulisi haluta tai odottaa mitään vastalahjaksi sen tähden että me rakastamme toisiamme.

Minä en ole koskaan vihannut ketään tai toivonut kenenkään

tulevan kirotuksi siitä huolimatta että minut on petetty useita kertoja. Tämä johtuu siitä että minä olen tietoinen tästä Herran rakkaudesta. Minä silti rakastin ja rukoilin ihmisten puolesta jotka olivat kerran saaneet armon osakseen, mutta jotka olivat jättäneet kirkon, antaneet vääriä todistuksia, aloittaneet huhuja ja tehneet pahoja tekoja.

Minä en koskaan etsinyt vastalahjaa auttaessani tarvitsevia. Minä uhrasin aikaani, voimiani ja varojani aidosta rakkaudesta ja myötätunnosta niitä kohtaan jotka olivat tarvitsevia, en sen tähden että olisin halunnut tunnustusta tai jotakin muuta vastalahjaksi.

Me voimme jakaa kalkedonin symboloimaa todellista rakkautta vasta sitten kun me uhraamme itsemme ja annamme varauksetta, tahtomatta mitään vastalahjaksi. Jeesus omasi tämänkaltaista todellista rakkautta sekä uhrautuvan sydämen, ja tämän tähden Hän saattoi rakastaa jopa Juudas Iskariotia loppuun saakka vaikka Hän tiesikin että tämä tulisi lopulta kavaltamaan Hänet.

Filippus otti vastaan Jumalan voiman uhrautuvalla rakkaudella

Raamatusta löytyvä loistava esimerkki henkilöstä joka omasi viattomuutta ja kalkedonin symboloivaa uhrautuvaa rakkautta on Filippus. Ap. t. 8:5-8 kuvailee hänet meille yksityiskohtaisesti:

Ja Filippus meni Samarian kaupunkiin ja saarnasi heille Kristusta. Ja kansa otti yksimielisesti vaarin siitä, mitä Filippus puhui, kun he kuulivat hänen sanansa ja näkivät ne tunnusteot, jotka hän teki. Sillä monista, joissa oli saastaisia henkiä, ne lähtivät pois huutaen suurella äänellä; ja moni halvattu ja rampa parani. Ja syntyi suuri ilo siinä kaupungissa.

Alkukirkon päivinä Filippus näytti merkkejä ja teki ihmetekoja ihmisten joukossa siitä huolimatta että hän oli pelkkä diakoni. Tämän voiman pystyi antamaan ainoastaan taivaan Jumala, ja Hän antoi sen niille jotka olivat tulleet pyhiksi heittämällä pois kaikenlaisen pahan, saavuttamalla rakkauden ja vanhurskauden sydämissään, ja noudattamalla täysin Hänen tahtoaan.

Kuinka Filippus saattoi sitten saada tämän voiman Jumalalta? Ap. t. 8:26-40 kertoo siitä kuinka Herran enkeli käski Filippusta: *"Nouse ja mene puolipäivään päin sille tielle, joka vie Jerusalemista alas Gassaan ja on autio"* (jae 26). Hän noudatti käskyä ajattelematta itse asiaa ollenkaan. Jumalan suunnitelman mukaisesti Hän tapasi etiopialaisen eunukin, herätti hänet voimakkaalla sanomalla sekä muutti ja kastoi tämän. Lopulta tämä eunukki palasi takaisin maahansa ja levitti siellä evakeliumia. Fillippus saattoi kuunnella Pyhän Hengen ääntä sillä hän oli heittänyt sydämessään pois kaikenlaisen pahan ja saavuttanut rakkauden ja Jumalan vanhurskauden. Tämän tähden Filippus saattoi esittää Jumalan suuria voimia siitä huolimatta että hän oli pelkkä diakoni.

83

Filippuksen tähden jopa hänen perheensä kantoi hyviä hedelmiä rakastamalla Jumalaa suuresti. Ap. t. kertoo meille seuraavaa: *"Ja hänellä oli neljä tytärtä, neitsyttä, joilla oli profetoimisen lahja."* Me voimme nähdä että Pyhä Henki johdatti aina Filippusta ja hänen perhettään.

Meidän tulisi myös ottaa vastaan Jumalan valta viattomuudessa ja uhrautuvassa rakkaudessa, saavuttaa Hänen kuningaskuntansa ja vanhurskautensa, sekä kirkastaa ja ylistää Jumalaa suuresti.

Smaragdi: Vanhurskaus ja Tahrattomuus

Smaragdi, Uuden Jerusalemin muurien neljäs perustus, on vihreä, ja se symboloi luonnon kauneutta ja herkkää vihreää. Smaragdi oli ensimmäinen asia jota käytettiin koristamiseen koko ihmiskunnan historian aikana, ja se symboloi vanhurskautta ja tahrattomuutta sekä edustaa valon hedelmää.

Sillä kaikkinainen hyvyys ja vanhurskaus ja totuus on valkeuden hedelmä (Efesolaiskirje 5:9).

Jumalan tunnustama "vanhurskaus" on syntien poisheittämistä, kaikkien Raamatusta löydettävien käskyjen pitämistä, itsensä pesemistä kaikenlaisista epävanhurskaista asioista, uskollisena olemista kaikessa elämässä ja muuta vastaavaa. Se pitää sisällään myös Jumalan kuningaskunnan ja vanhurskauden etsimistä Hänen tahtonsa mukaan, oikeita ja kurinomaisia tekoja, oikeuden polulla pysymistä, seisomista vakaasti ollessaan oikeassa ja muita vastaavia asioita.

Me emme kanna valon hedelmää ellemme me ole vanhurskaita, olimme me sitten kuinka nöyriä ja hyviä tahansa. Kuvittele että joku tarraisi sinun isääsi hänen kurkustaan ja loukkaisi tätä vaikka hän olisikin syytön. Jos sinä pysyttelet hiljaa ja katsot kuinka isäsi kärsii me emme voi kutsua sitä todelliseksi vanhurskaudeksi; sinun ei voida sanoa täyttäneen velvollisuuksiasi poikana isääsi kohtaan.

Joten hyvyys ilman vanhurskautta ei ole Jumalan silmissä hengellistä "hyvyyttä." Kuinka viekas ja päättämätön mieli voisi olla hyvä? Päinvastoin, vanhurskaus ilman hyvyyttä voi olla "vanhurskautta" vain sinun omissa silmissäsi, mutta ei Jumalan silmissä.

Daavidin vanhurskaus ja tahrattomuus

Kuningas Daavidin armeijankomentaja Jooab syytti loikannutta Abneria vakoojaksi ja tappoi hänet, sillä Abner oli tappanut Jooabin nuoremman Asahel-veljen Gibeonin taistelussa (2. Samuel 3:22-30). Jooab murhasi omalla vanhurskaudellaan kostaakseen veljensä kuoleman. Vaikka Daavid kielsi Jooabia tappamasta poikaansa Absalonia joka oli pettänyt kuninkaan ja noussut valtaistuimelle, Jooab silti tappoi Absalomin väkivaltaisesti noudattamalla omaa vanhurskauttaan (2 Samuel 18:9-15). Jooab ei pystynyt toimimaan Jumalan vanhurskauden mukaisesti sillä häneltä puuttui sydämen hyvyys.

Hyvän sydämen omannut kuningas Daavid kuitenkin itki

kuolleen poikansa tähden vaikka tämä olikin pettänyt hänet
ja yrittänyt itse tappaa isänsä (2 Samuel 18:33). Daavid ei
toiminut oman vanhurskautensa mukaisesti vaan hän teki kaiken
hyvyyden mukaisesti. Ennenkuin Daavid nousi valtaistuimelle
hänellä oli lisäksi kaksi mahdollisuutta tappaa kuningas Saul joka
oli puolestaan yrittänyt tappaa Danielin. Daavid ei kuitenkaan
toiminut epäreilusti (1. Sam. 24:4; 26:8-12).

Valon hedelmän kantaminen

Jumala tahtoo meidän omaavan Daavidin tavoin hyvyyttä
ja vanhurskautta. Samanaikaisesti Jumala tahtoo meidän
hyvyytemme ja vanhurskautemme kasvavan kunnes me
kannamme totuudessa valon hedelmää.

Totuus ei harhauta tai muutu minkäänlaisissa olosuhteissa
vaan se pitää aina lupauksensa. Daavid oli rakastanut koko
sydämellään kuningas Saulin poikaa Joonatania, ja Saulin
kuoltua Daavid etsi tämän pojan käsiinsä, palautti hänelle hänen
maansa, ja salli hänen aina ruokailla kuninkaan pöydässä (2. Sam.
9:7). Daavid saavutti sydämessään hyvyyden ja vanhurskauden
muuttumattomalla totuudella.

Minä palvelen monia ihmisiä jotka ovat siunanneet minua
sillä minä tiedän sydämeni pohjasta että tämä on Jumalan tahto,
eikä minun asenteeni tule koskaan muuttumaan ennen Herran
paluuta. Palvelemieni ihmisten joukosta minä olen erityisen
kiitollinen niille jotka johdattivat minut tuntemaan Jumalan ja
auttoivat minua kasvattamaan uskoani, enkä minä tule koskaan
unohtamaan heidän armoaan.

Samalla tavalla me voimme kantaa runsaasti valon hedelmiä jotka muodostuvat hyvyydestä, vanhurskaudesta ja totuudesta vasta sitten kun meidän sydämemme eivät muutu. Joten smaragdi, neljäs perustus, edustaa valon hedelmiä, ja se loistaa vanhurskauden väreissä joihin Jumala on tyytyväinen.

Sardonyks: Hengellinen Uskollisuus

Uuden Jerusalemin muurien viides perustus, sardonyks, symboloi hengellisesti uskollisuutta. Tässä "uskollisuus" ei viittaa ainoastaan Jumalan antamien velvollisuuksien täyttämiseen, vaan myös siihen että sinä saavutat kaiken parhaimpasi mukaan, ja että sinä teet parhaimpasi kaikkien sinulle määrättyjen tehtävien suhteen ilman laiskuutta. Aviomiehen, vaimon, tai lasten velvollisuuksien suorittamista ei kuitenkaan lasketa "uskollisena olemiseksi", sillä tämänkaltaiset velvollisuudet ovat kaikista perimmäisiä. Myöskään palkattuna työntekijänä tehdyt hyvät työt eivät tee sinusta "uskollista."

Kuin Mooses joka oli uskollinen koko Jumalan talossa

Jumalan näkökulmasta katsottuna uskollisuus on velvollisuuksien suorittamista koko sydämellä, kaikkensa yrittämistä, ja uskollisena olemista koko Jumalan talossa asemamme mukaan. Ollaksemme uskollisia meidän tulee omata vanhurskautta, sillä me emme voi uhrata itseämme ilman vanhurskasta sydäntä.

Mooses oli profeetta joka oli Jumalan niin tunnustama, että Jumala puhui hänelle kasvotusten. Mooses täytti täysin kaikki velvollisuutensa saavuttaakseen kaiken mitä Jumala oli käskenyt häntä saavuttaa, eikä hän ajatellut tästä itselleen koituvia vaivoja. Israelin kansa nurisi ja niskoitteli kohdatessaan pienimpiäkin vaikeuksia vielä senkin jälkeen kun he olivat todistaneet ja kokeneet Jumalan ihmeitä ja merkkejä, mutta Mooses johti heitä jatkuvasti uskolla ja rakkaudella. Mooses ei kääntynyt kansastaan edes silloin kun Jumala oli vihainen Isarelin kansalle tämän syntien tähden, vaan sen sijaan pyysi Jumalaa antamaan näille anteeksi. Mooses palasi Herran eteen ja puhui seuraavasti:

> *Voi, tämä kansa on tehnyt suuren synnin! He ovat tehneet itselleen jumalan kullasta. Jospa nyt antaisit heidän rikoksensa anteeksi! Mutta jos et, niin pyyhi minut pois kirjastasi, johon kirjoitat (Exodus 32:31-32).*

Hän paastosi kansansa puolesta pannen oman henkensä alttiiksi, ja hän oli uskollisempi kuin mitä Jumala oli odottanut hänen olevan. Tämän tähden Jumala tunnusti ja vakuutti Mooseksen, sanoen: *"Hän on uskollinen koko minun talossani"* (4. Moos 12:7).

Jumalan rakastaminen koko sydämellä tarkoittaa koko sydämemme antamista. Meidän ei tule rakastaa Häntä vain niillä sydämen osilla joiden antaminen on helppoa; meidän tulee rakastaa Häntä myös niillä sydämen osilla joiden antaminen ei ole helppoa. Me voimme olla uskollisia koko Jumalan talossa jos me teemme sydämistämme kokonaisia, täytämme velvollisuutemme parhaimpamme mukaan, ja toimimme Jeesuksen Kristuksen sydämen mukaisesti.

Uskollisena oleminen kuolemaan saakka

Sardonyksin symboloima uskollisuus tarkoittaa uskollisena olemista aina kuolemaan saakka kuten Ilmestyskirja 2:10 kirjoittaa. Tämä on mahdollista vasta sitten kun me rakastamme Jumalaa ennen kaikkea muuta. Tämä tarkoittaa kaiken ajan, rahan ja jopa elämän uhraamista, ja sitä että me teemme koko sydämellämme ja sielullamme enemmän kuin mitä meiltä vaaditaan.

Ennen vanhaan löytyi uskollisia palvelijoita jotka avustivat kuningasta ja olivat uskollisia valtiolleen aina oman elämänsä uhraamiseen saakka. Uskolliset palvelijat kehottivat kuningasta seuraamaan oikeaa polkua jos tämä oli tyranni vaikka tämä saattoikin johtaa helposti heidän oman elämänsä uhraamiseen. He saattoivat tulla karkoitetuiksi tai teloitetuiksi, mutta he olivat uskollisia sillä he rakastivat kuningasta ja valtiota vaikka tämä rakkaus saattoikin koitua heidän kohtalokseen.

Meidän tulee rakastaa Jumalaa ensin voidaksemme tehdä enemmän kuin mitä meiltä pyydetään näiden uskollisten palvelijoiden tavoin jotka antoivat henkensä valtion edestä, sekä Mooseksen tavoin, joka oli uskollinen koko Jumalan talossa voidakseen saavuttaa Jumalan kuningaskunnan ja vanhurskauden. Joten meidän tulee pyhittää itsemme pikaisesti ja olla uskollisia kaikissa elämämme osa-alueissa niin, että me omaisimme Uuteen Jerusalemiin astumiseen vaadittavat edellytykset.

Sardion: Palava Rakkaus

Sardionilla on läpikuultavan tumma ja punainen väri,
ja se edustaa auringon säihkettä. Se on Uuden Jerusalemin
muurien kuudes perustus ja se edustaa hengellisesti intohimoa,
innokkuutta ja palavaa rakkautta Jumalan valtakunnan ja
vanhurskauden saavuttamista kohtaan. Se on sydän joka
suorittaa annetut tehtävät ja velvollisuudet uskollisesti ja kaikin
mahdollisin voimin.

Palavan rakkauden eri tasot

Rakkaudella on useita eri tasoja, ja yleisesti ottaen se
voidaan jakaa hengelliseen rakkauteen ja lihalliseen rakkauteen.
Hengellinen rakkaus ei muutu koskaan sillä se on Jumalan
antama, kun taas lihallinen rakkaus muuttuu helposti, pääosin
sen tähden että se on itsekästä.

Maailmallisten ihmisten rakkaus ei voi koskaan olla
hengellistä rakkautta, oli se sitten kuinka todellista tahansa.
Hengellinen rakkaus on Herran rakkautta joka voidaan saada
ainostaan totuuden avulla. Me emme voi myöskään saada
hengellistä rakkautta heti totuuden saavutettuamme. Me
voimme saada sen vasta sitten kun me olemme Herran sydämen
kaltaisia.

Omaatko sinä tällaisen hengellisen rakkauden? Sinä voit

tutkiskella itseäsi 1.Korinttolaiskirjeestä 13:4-7 löydetyn hengellisen rakkauden määritelmän avulla:

Rakkaus on pitkämielinen, rakkaus on lempeä; rakkaus ei kadehdi, ei kerskaa, ei pöyhkeile, ei käyttäydy sopimattomasti, ei etsi omaansa, ei katkeroidu, ei muistele kärsimäänsä pahaa, ei iloitse vääryydestä, vaan iloitsee yhdessä totuuden kanssa; kaikki se peittää, kaikki se uskoo, kaikki se toivoo, kaikki se kärsii.

Me emme vielä omaa sitä hengellistä rakkautta josta Paavali kirjoitti jos me olemme esimerkiksi kärsivällisiä mutta itsekkäitä tai mielemme malttavia mutta töykeitä. Meidän ei tule unohtaa yhtäkään asiaa jos tahdomme omata hengellisen rakkauden.

Jos sinä tunnet vielä olosi yksinäiseksi tai tyhjäksi vaikka sinä uskot omaavasi hengellisen rakkauden, tämä johtuu siitä että sinä olet tahtonut saada jotakin sen vastineeksi vaikket ole itse sitä edes tajunnut. Sinun sydämesi ei ole vielä täyttynyt kokonaan hengellisen rakkauden totuudella.

Toisaalta, sinä et koskaan tunne oloasi yksinäiseksi tai tyhjäksi jos sinä olet täyttynyt hengellisellä rakkaudella, ja sinä olet sen sijaan aina iloinen, onnellinen ja kiitollinen. Hengellinen rakkaus iloitsee antamisesta: mitä enemmän sinä annat, sitä iloisempi, kiitollisempi ja onnellisempi sinä tulet olemaan.

Hengellinen rakkaus iloitsee itsensä antamisesta

Roomalaiskirje 5:8 kertoo meille: *"Mutta Jumala osoittaa*

rakkautensa meitä kohtaan siinä, että Kristus, kun me vielä olimme syntisiä, kuoli meidän edestämme."

Jumalaa rakastaa Hänen ainoaa poikaansa Jeesusta erittäin paljon, sillä Jeesus on itse totuus joka on täysin itse Jumalan kaltainen. Silti Jumala antoi ainoan poikansa uhrilahjaksi. Kuinka suurta ja kallisarvoista Jumalan rakkaus onkaan!

Jumala näytti meille Hänen rakkautensa uhraamalla ainoan Poikansa. Tämän tähden 1. Joh. 4:16 sanoo: *"Ja me olemme oppineet tuntemaan ja me uskomme sen rakkauden, mikä Jumalalla on meihin. Jumala on rakkaus, ja joka pysyy rakkaudessa, se pysyy Jumalassa, ja Jumala pysyy hänessä."*

Jos me haluamme astua Uuteen Jerusalemiin meidän tulee omata Jumalan rakkaus jonka avulla me voimme uhrata itsemme, ja joka iloitsee antamisesta niin paljon, että me voimme esittää todisteen Jumalalle elämisestämme.

Apostoli Paavalin palava rakkaus sieluja kohtaan

Apostoli Paavali on hyvä Raamatusta löytyvä esimerkki henkilöstä, joka yhdisti innokkuutensa ja rakkautensa saavuttaakseen palavan rakkauden. Paavali tunnustaa Roomalaiskirjeen luvussa 9:3: *"Sillä minä soisin itse olevani kirottu pois Kristuksesta veljieni hyväksi, jotka ovat minun sukulaisiani lihan puolesta."* Tässä "veljet" viittavat Israelin kansaan, Jumalan valittuun kansaan.

Paavali saattoi tunnustaa että hän menisi jopa helvettiin jos hän sillä voisi pelastaa Jumalan kansan. Tämä johtui siitä että hän omasi hengellistä rakkautta. Se, että me olemme valmiita uhraamaan jopa oman elämämme ilman että haluaisimme siitä mitään palkkiota on Jumalan antamaa hengellistä rakkautta. Hengellinen rakkaus ei muutu koskaan ja se syvenee syvenemistään ajan kuluessa. Se ei muutu koskaan sillä se ei ole omaa etua tavoitteleva vaan se huolehtii vain muiden tarpeista.

Joten meidän tulisi heittää pois lihallinen rakkaus ja pyrkiä omaamaan hengellistä rakkautta joka on lähtöisin Jumalalta, joka uhrasi ainoan Poikansa, sekä Herrasta, joka noudatti Isän tahtoa ja uhrasi oman elämänsä. Minä siunaan Herran nimessä, että sinä saisit apostoli Paavalin tavoin pelastaa lukemattomia sieluja palavalla rakkaudella jota sardion symboloi, ja että sinä saisit astua Uuteen Jerusalemiin.

Krysoliitti: Armo

Uuden Jerusalemin muurien seitsemäs perustus, krysoliitti, on läpikuultava tai osittain läpikuultava kivi joka voi olla väritykseltään joko keltainen, vihreä, sininen, vaaleanpunainen tai joskus jopa täysin väritön ja läpikuultava.

Mitä krysoliitti symboloi hengellisesti? Se edustaa totuudessa olevaa armoa joka voi antaa anteeksi jopa niille joita ei voida ymmärtää tai joille ei voida antaa anteeksi. Se edustaa Jeesuksen Kristuksen sydäntä joka ei vihaa tai vierasta ketään, vaan joka ymmärtää ja armahtaa kaikkia. Armo merkitsee sitä että sinä vihaat syntiä, mutta et sitä henkilöä josta tämä synti löytyy. Armo ymmärtää ja armahtaa.

Sydän joka voi antaa anteeksi mitä tahansa totuudessa

Jeesus ei koskaan vihannut Juudasta, vaan Hän rakasti tätä loppuun saakka vaikka tiesikin että tämä tulisi kavaltamaan Hänet. Jeesus ei myöskään koskaan vihannut ketään vaikka Hänet ristiinnaulittiin syyttömänä ja synnitömänä. Sen sijaan Hän rukoili ja pyysi anteeksiantoa niille jotka olivat Hänet tuominneet.

Entä sitten Stefanus? Hän polvistui ja rukoili Jumalaa rakkaudessa ja pyysi Häntä antamaan anteeksi niille pahoille ihmisille jotka olivat kivittämässä häntä kuoliaaksi. Nykyään monet ihmiset ovat valmiita syyttämään toisia vihaisina ja järkyttyneinä jos joku tekee jotain väärin tai tekee kenties syntiä. Armollisen sydämen omaavat ihmiset tuntevat kuitenkin armoa syrjittyjä ihmisiä kohtaan, ja he kohtelevat häntä hyvin rohkaistakseen ja voimistaakseen häntä.

Daavid oli armollisen sydämen omaava mies. Tämän tähden hän ei tappanut kuningas Saulia omin käsin vaikka hän tiesikin että Jumala oli jo hyljännyt kuninkaan. Me voimme lukea, että kuningas Saulin kuoltua Daavid repi vaatteensa, vaikeroi ja paastosi. Tämä kaunis teko oli lähtöisin Herran armollisesta sydämestä joka tuntee armoa jopa vihamiehiään kohtaan.

Meidän täytyy murskata omahyväisyytemme

Mistä sitten johtuu että useilla ihmisillä ei ole armoa? Tämä johtuu siitä että monet heistä ovat itsekkäitä, omahyväisiä ja vääränlaisen asenteen vallassa, joka sanelee heille että he ovat aina kaikissa asioissa oikeassa.

Kuvittele, että sinulla on kauppa. Minkälaisen sydämen tulisi sinun omata kun sinusta seuraavalla kaupalla tuntuu menevän paremmin? Jos sinä valitat, sanoen: "Miksi tuo kauppa myy niin hyvin? Toivoisin, että se muuttaisi jonnekin muualle", ei voida sanoa että sinä omaat hyvän tai armollisen sydämen.

Mitä sinun tulee sitten tehdä omataksesi armollisen sydämen?

Sinun täytyy heittää pois itsekkyytesi joka kertoo sinulle että sinun kauppasi täytyy menestyä paremmin kuin sinun naapurisi (kilpailijasi) kauppa. Sinun täytyy myös murskata omien ajatustesi puitteet ja ottaa mallia toisesta kaupasta sen hyvien puolien suhteen, niin että molemmat kaupat menestyisivät paremmin. Jumalaa vuodattaa Hänen rakkautensa ja siunauksensa sinun päällesi ja sinua siunataan runsaasti jos sinä rakastat naapureitasi, olet armollinen, riemuitset muiden kanssa ja omaat hyvän sydämen joka haluaa myös muiden menestyvän.

Pastorina minä olen iloinen kun kuulen kirkosta joka kasvaa koossaan vaikka minun oma kirkkoni ei kasvaisikaan yhtä paljon tai yhtä nopeasti. Minä rukoilen tämän toisen kirkon puolesta koko sydämelläni, pyytäen Jumalalta: "Anna Jumalan kirkkojen virvota yhä enemmän, ja anna pastoreiden tulla Sinun rakastamiksi." Jumala iloitsee kun useat sielut pelastuvat muiden kirkkojen kautta ja Jumala kuningaskunta ja vanhirskaus tulevat saavutetuiksi. Tämän tähden minä voin olla yhtä iloinen kuin jos minä olisin itse kirkastamassa Jumalaa.

Sinä voit saavuttaa armollisen sydämen vasta sitten kun sinä heität pois kaiken itsekkyyden ja omahyväisyyden, ja kun sinä ymmärrät muita.

Lihallinen sääli ja hengellinen armo

Sitä, että sinä annat kaiken rajoituksetta ei voida kutsua "armolliseksi." Me voimme joskus viedä muilta tilaisuuden seistä omilla jaloillaan, tai kenties johdattaa heitä harhaan tekojen kautta jotka Jumalan silmissä eivät sovi yhteen oikeiden polkujen kanssa.

Ylitsesuojelevien vanhempien lapset ovat hemmoteltuja, ja heistä voi tulla murheenaihe yhteiskunnalle. Minkälaisia lapsista tulisi jos vanhemmat antaisivat heidän tehdä mitä he ikinä tahtovat heidän elämänsä alusta saakka? He olisivat avuttomia, luottaen aina vanhempiensa apuun kaikessa, tai kapinallisia, valittaen että he eivät pysty tekemään kaikkia haluamiaan asioita.

Se, että me auttaisimme ihmistä joka on terveydestään huolimatta liian laiska työskentelemään, tai se, että me auttaisimme ihmistä joka on hävittänyt omaisuutensa juomalla ja pelaamalla uhkapelejä ei olisi oikein Jumalan silmissä, ja siten tätä ei voida pitää armollisena. Tällaisten ihmisen auttaminen tuo vain lisää ongelmia: tämä saa heidät luottamaan muihin niin että heistä tulee yhä avuttomampia ja kykenemättömiä elämään omaa elämäänsä.

Meidän tulee kuitenkin auttaa armollisin sydämin kaikkia niitä jotka taistelevat köyhyyttä vastaan sairauden tähden, sekä niitä jotka ovat yhä köyhyyden vankeja siitä huolimatta että he ovat yrittäneet parhaansa.

Mitä meidän tulisi sitten tehdä sellaisen henkilön suhteen joka kärsii koettelemuksesta sen tähden että hän on ollut tottelematon Jumalan Sanaa kohtaan?

Profeetta Joona ei totellut Jumalan tahtoa. Hän yritti paeta Tarsiiseen sen sijaan että olisi pelastanut Niiniven asukkaat, ja matkalla tänne hän kohtasi voimakkaan myrskyn. Merimiesten täytyi heittää Joona laidan yli sillä he saivat selville että myrsky johtui Joonan tottelemattomuudesta. Merimiehet tahtoivat kuitenkin auttaa Joonaa lihallisessa säälissään, ja tämän tähden heitä kohtasi yhä suuremmat vaikeudet. He menettivät koko omaisuutensa tässä voimakkaassa myrskyssä sen tähden että he olivat auttaneet Joonaa joka ei ollut totellut Jumalaa (Joona 1).

Joonan auttaminen ei ollut armollinen teko vaan se oli kuin Jumalan tahdon rikkomista. Jumalan suunnitelmien mukaisesti koettelemuksista kärsivien ihmisten auttaminen on armollinen teko, ja Jumala palkitsee nämä teot siunauksin. Eräät ihmiset seurasivat Daavidia kun tämä kärsi koettelemuksista Jumalan suunnitelmien mukaisesti, ja näistä ihmisistä tuli Daavidin uskollisia palvelijoita ja he saivat osakseen kunniaa ja kirkkautta Jumalan edessä. Joten ennen kuin me annamme armoa, meidän tulee ensin miettiä onko tekomme oikea Jumalan silmissä.

Kaiken hyväksyvä armollinen sydän

Mikä on sitten rakkauden ja armon välinen ero?

Hengellinen rakkaus merkitsee itsensä uhraamista ilman oma edun etsimistä ja vastalahjaa haluamatta. Armo puolestaan painottaa enemmän anteeksiantoa ja hyväksymistä. Toisin sanoen, armo on sydän joka ymmärtää eikä vihaa edes niitä joita ei voida ymmärtää tai joille ei voida antaa anteeksi. Armo ei vihaa tai pilkkaa ketään, vaan se vahvistaa ja lohduttaa muita. Tällaisen lämpimän sydämen omaava henkilö ei tuo esiin muiden vikoja tai virheitä, vaan sen sijaan hän hyväksyy heidät niin että hän voi solmia hyviä ihmissuhteita näiden kanssa.

Kuinka meidän tulee sitten käyttäytyä pahoja ihmisiä kohtaan? Meidän tulee muistaa että me olemme kaikki olleet pahoja, mutta että me itse saavuimme Jumalan luokse sillä joku muu johdatti meidät totuuteen rakastaen ja anteeksiantaen.

Kun me kohtaamme valehtelijoita me itse usein unohdamme että ennen kuin me uskoimme Jumalaan me itsekin valehtelimme saavuttaaksemme omia etujamme. Sen sijaan että me välttäisimme tällaisia ihmisiä, meidän tulisi osoittaa armoamme niin että hekin voisivat kääntyä pois pahoilta teiltään. Nämä ihmiset voivat muuttua ja ymmärtää totuuden vasta sitten kun me ymmärrämme heitä ja johdatamme heitä hyväksyen ja rakastaen. Armo myös merkitsee sitä, että me kohtelemme kaikkia samalla tavalla ilman ennakkoluuloja, että me emme loukkaa ketään, ja että me yritämme ymmärtää kaiken parhain tavoin vaikka sinä et ehkä siitä pitäisikään.

Joten minä kehotan sinua kantamaan armon hedelmää jota krysoliitti, Uuden Jerusalemin muurien seitsemäs perustus, symboloi.

Berylli: Kärsivällisyys

Berylli, Uuden Jerusalemin muurien kahdeksas perustus, on väriltään sininen tai tummanvihreä, ja se muistuttaa sinistä merta. Mitä berylli sitten symboloi hengellisesti? Se symboloi kärsivällisyyttä kaikessa mikä liittyy Jumalan kuningaskunnan ja vanhurskauden saavuttamiseen. Berylli edustaa periksiantamatonta rakastamista huolimatta siitä että joku saattaa vainota, kirota ja vihata sinua, ja sitä, että sinä et vihaa, riitele tai taistele takaisin.

Jaakob 5:10 kehottaa meitä seuraavasti: *"Ottakaa, veljet, vaivankestämisen ja kärsivällisyyden esikuvaksi profeetat, jotka ovat puhuneet Herran nimessä."* Me voimme muuttaa muita jos me olemme kärsivällisiä heidän kanssaan.

Kärsivällisyys Pyhän Hengen ja rakkauden hedelmänä

Galatalaiskirje 5 kertoo meille kärsivällisyydestä yhtenä Pyhän Hengen yhdeksästä hedelmästä, ja 1. Korinttolaiskirje 13 puhuu siitä rakkauden hedelmänä. Onko Pyhän Hengen hedelmänä olevan ja rakkauden hedelmänä olevan kärsivällisyyden välillä sitten mitään eroa?

Toisaalta kärsivällisyys rakkaudessa viittaa siihen kärsivällisyyteen jota vaaditaan minkä tahansa henkilökohtaisen ongelman kestämiseen, kuten jos joku loikkaa sinua tai jos sinä kohtaan yhden niistä monista elämäsi aikana kokemista vaikeuksistasi. Toisaalta taas Pyhän Hengen hedelmänä oleva kärsivällisyys viittaa kärsivällisyyteen totuudessa ja kärsivällisyyteen Jumalan edessä kaiken suhteen.

Joten kärsivällisyydellä Pyhän Hengen hedelmänä on laajempi merkitys, ja se sisältää kärsivällisyyden sekä henkilökohtaisten asioiden suhteen, että kaikkien Jumalan kuningaskuntaan ja

Hänen vanhurskauteensa liittyvien asioiden suhteen.

Erilaiset kärsivällisyydet totuudessa

Kärsivällisyys voidaan jakaa kolmeen kategoriaan. Ensimmäinen kategoria pitää sisällään kärsivällisyyden Jumalan ja ihmisten suhteen. Meidän tulee olla kärsivällisiä lihallisten piirteiden poisheittämisen ja hengellisten piirteiden saavuttamisen suhteen, aivan samalla tavalla kuin maanviljelijä joka kylvää ja huolehtii viljastaan suurella huolella saadakseen runsaan sadon.

Sama koskee rukousvastauksiemme saamista. Meidän tulee odottaa Jumalan vastausta kärsivällisesti jos me rukoilemme Häntä. Niinkuin Jumala antaa kevät- ja talvisateet, niin muös rukousvastauksienkin saamiseen liittyvä aika vaihtelee. Joten meidän tulee olla horjumattomia ja jatkaa rukoilemista kunnes me saamme vastauksemme.

Toisekseen on myös ihmisten välistä kärsivällisyyttä. Tämä viittaa ihmisten kärsivällisyyteen jonka avulla me ymmärrämme toisiamme, hyväksymme toistemme viat ja virheet, ja annamme anteeksi ja taivumme muiden tahtoon kaikenlaisissa ihmissuhteissa. Jos esimerkiksi ihmiset kiroavat ja vainoavat sinua saarnatessasi heille evankeliumia, useat teistä antaisivat helposti periksi ja yrittäisivät tulevaisuudessa välttää kaikenlaista kosketusta näihin ihmisiin. Jumala kuitenkin työskentelee kaikissa asioissa hyvän puolesta jos sinä olet kärsivällinen ja jatkat evankeliumin saarnaamista rukoillen ja rakastaen. Eli se, että sinä voit olla kärsivällinen jopa sellaisten ihmisten suhteen jotka loukkaavat ja vainoavat sinua, on ihmisten välistä kärsivällisyyttä. Kolmanneksi, on olemassa kärsivällisyyttä oman sydämensä muuttamiseksi. Me havaitsemme usein että mitä enemmän pahuutta me kannamme sydämissämme, sitä vaikeampaa meidän on olla kärsivällinen. Meidän tulee muuttaa sydämemme kärsivälliseksi hengeksi voidaksemme muuttua Jumalan ihmiseksi.

Ihmisillä on kuitenkin eri tapoja olla kärsivällinen. Jotkut yrittävät kestää hammasta purren ja täristen; toiset yrittävät tukahduttaa sisällään olevan vihan; toiset taas väärinkäyttävät alkoholia ja muita aineita toivoen unohtavansa ongelmansa. Jotkut sulkevat suunsa eivätkä puhu pitkään aikaan, kun taas toiset vaeltavat edestakaisin etsiessään ratkaisua. Kaikki nämä ihmiset koettavat kuitenkin olla kärsivällisiä sydämessään olevien pahojen aikeiden suhteen.

Meidän tulee ymmärtää että meillä on paljon lihallisia piirteitä sydämissämme, ja tämän tähden me löydämme itsemme niin usein yrittämästä olla kärsivällinen pahan suhteen. Meidän tulee tutkia kuinka paljon epätotuudesta muodostunutta "lihallista minua" me olemme kantaneet sydämessämme. Käsite "kärsivällisyys" ei olisi tarpeen jos meissä ei olisi lainkaan pahaa. Jos meissä olisi vain rakkautta, anteeksiantoa ja ymmärrystä, ei "kärsivällisyydelle" olisi lainkaan tilaa.

Joten Jumala kehottaa meitä olemaan kärsivällinen heittäessämme pois pahan sydämestämme. Vihan ja vihaisuuden kaltaisten syntisten luonteiden poisheittäminen ja niiden korvaaminen hyvyydellä ja totuudella on totuudessa olevaa kärsivällisyyttä.

TAIVAS II

Kärsivällisyyden hedelmän kantaminen

Mikä on sitten beryllin symboloiman kärsivällisyyden merkitys? Se on senkaltainen kärsivällisyys jota ei tarvitse kuvata sanalla "kärsivällisyys." Itseasiassa Jumalan ei itse tarvitse olla kärsivällinen, sillä Hän on itse hyvyys ja rakkaus. Silti Hän sanoo olevansa meidän kanssamme "kärsivällinen" jotta me ymmärtäisimme mitä "kärsivällisyys" on. Meidän tulee ymmärtää että mitä enemmän piirteitä me omaamme joiden kanssa meidän on oltava kärsivällinen, sitä enemmän pahuutta me Jumalan silmissä kannamme sydämissämme.

Me tulemme olemaan aina onnellisia ja kuulemaan ainoastaan hyviä uutisia sieltä ja täältä sekä tuntemaan olomme niin keveäksi että on kuin me kävelisimme pilvien päällä jos meillä ei ole mitään minkä suhteen olla kärsivällinen saavutettuamme kärsivällisyyden täydellisen hedelmän.

Joten meidän tulisi astua Uuteen Jerusalemiin ja kantaa kärsivällisyyden hedelmää runsaasti kestävyyden ja periksiantamattomuuden avulla, aivan kuten maanviljelijä joka saattaa korjata runsaan sadon ainoastaan kärsivällisyytensä avulla.

Topaasi: Hyvyys

Uuden Jerusalemin muurien yhdeksäs perustus, topaasi, on läpikuultava ja punertavan oranssi kivi. Mikä on sitten topaasin hengellinen merkitys? Se symboloi hyvyyttä. Hyvyys on

102

totuuden sydän joka heittää pois kaikenlaisen pahan ja synnin, ja joka halajaa Pyhän Hengen kaunista totuutta. Hyvyys on Kristuksen sydän joka ei riitele tai korota ääntään vaan tekee hyviä tekoja ja jonka ääni kuulu kadulla.

Joten topaasin symboloima hyvyys tarkoittaa lempeästä ja puhtaasta sydämestä lähtevää tuoksua.

Puhdas sydän tuoksuu kauniisti hyvyyden tähden

Sanakirja määrittää "puhtauden" seuraavasti: "puhtaana olemisen tila tai piirre; vapaus kaikesta likaavasta, tartuttavasta, saastuttavasta, yms." Sama sanakirja määrittelee "puhtaan" seuraavasti: "vapaa kaikesta erilaisesta, alempiarvoisesta, tai saastuttavasta osasta, vapaa kaikesta ulkoisesta aineesta." Jumalan määritelmä puhtaudesta on kuitenkin "tekojen säestämän nöyryyden osoitus."

Raamatusta löytyviä esimerkkejä puhtaan sydämen omanneista ihmisistä ovat Aabraham, Job sekä Naaman. Me kutsumme ihmisiä joiden teot ovat hyveellisiä "puhtaiksi" jopa tässä maailmassa. Nykyään on kuitenkin erittäin vaikeaa löytää hyveitä sillä maailma on täynnä syntiä, ja koska puhtautta ei ole paljoa jäljellä, ihmiset huijaavat ja pettävät toisiaan

Jopa tässäkin tilanteessa on kuitenkin ihmisiä jotka ovat puhtaita ja hyveellisä, ja he omaavat puhtaita ja kirkkaita piirteitä eivätkä he levitä pahoja ajatuksia tai sanoja. Nämä ihmiset ovat jalostettuja ja puhtaita elämässään. Me emme voi kutsua sellaista ihmistä "hyveelliseksi" joka osoittaa toista syyttävällä sormella ja lausuu vihassaan pahoja sanoja.

Filippiläiskirje 2:14-15 kehottaa meitä seuraavasi: *"Tehkää kaikki nurisematta ja epäröimättä, että olisitte moitteettomat ja puhtaat, olisitte tahrattomat Jumalan lapset kieron ja nurjan sukukunnan keskellä, joiden joukossa te loistatte niinkuin tähdet maailmassa."* Puhtaat henkilöt eivät valita tai riitele edes silloin kun he heitä kohdellaan väärin, eivätkä he koskaan vastaa pahaan pahalla. He ajattelevat kaikessa hyvyydellä, ja he hyväksyvät kaiken itsensä hilliten.

Omatunto ja hengellinen hyvyys

Ihmisillä on elämässään kriiteerejä jotka ovat muodostuneet siitä mitä he ovat näheet, kuulleet ja mitä heille on opetettu heidän syntymästään saakka. Me kutsumme näitä kriteerejä "omatunnoksi." Samalla tavalla jopa hengellisillä ihmisillä on perusraameja jotka ovat Pyhän Hengen työn tuloksia, ja me kutsumme tätä "hengelliseksi hyvyydeksi." Meidän tulisi pystyä erottamaan lihallisen hyvyyden ja hengellisen hyvyyden omantunnon toisistaan. Ajoittain sinä saatat ihmetellä "Miksi minä en ole siunattu vaikka minä elän hyvyydessä?" Sinun tulisi pohtia omien kriteereidesi mukaisesti oletko sinä sittenkin kenties toiminut lihallisen hyvyyden mukaisesti.

Minua kutsuttiin ennen "henkilöksi joka saattoi elää ilman lakia." Otettuani Jeesuksen Kristuksen vastaan minä kuitenkin katsoin menneisyyttäni totuuden avulla ja minä häpesin. Minun omatuntoni ja hyvyyden kriteerini eivät olleet todellista hyvyyttä. Kun hyvyys puhutteli minua, minä ymmärsin että useimmat asiat mitä minä olin opettanut, nähnyt, kuullut ja puhunut olivat pahoja luonteeltaan, ja jopa minun omatuntoni jonka olin luullut olleen hyvä olikin ollut paha.

Ihmisillä on eri omatuntoja, ja ne eivät kaikki voi olla oikeita. Totuuden kriteerit ovat kuitenkin lähtöisin hengellisestä hyvyydestä, joten se on ainoa totuus.

Jeesuksen hyvyys

Matteus 12:19-20 kertoo meille kuinka Jeesuksen sydän oli hyvä:

> *Ei hän riitele eikä huuda, ei hänen ääntänsä kuule kukaan kaduilla. Särjettyä ruokoa hän ei muserra, ja suitsevaista kynttilänsydäntä hän ei sammuta, kunnes hän saattaa oikeuden voittoon.*

"Kunnes Hän saattaa oikeuden voittoon", painottaa että Jeesus toimi ainoastaan hyvällä sydämellä koko ristiinnaulitsemisen ja ylösnoudemuksen aikana, ja täten Hän antoi meille voiton Hänen armollaan ja pelastuksellaan.

Omaamansa hengellisen hyvyyden tähden Jeesus ei koskaan loukannut tai riidellyt kenenkään kanssa. Hän hyväksyi kaiken hengellisen hyvyyden viisaudella ja totuuden sanoilla jopa silloin kuin Hän kohtasi vaikeita ja anteeksiantamattomilta vaikuttavia tilanteita. Lisäksi Jeesus ei haastanut niitä jotka yrittivät tappaa Hänet, eikä Hän yrittänyt selittää tai todistaa viattomuuttaan. Hän jätti kaiken Jumalalle ja saavutti kaiken Hänen hengellisen hyvyyden viisauden ja totuuden avulla.

Todellisen hyvyyden omaaminen

Jaakob 1:19-20 sanoo: *"Te tiedätte sen, rakkaat veljeni. Mutta olkoon jokainen ihminen nopea kuulemaan, hidas puhumaan, hidas vihaan; sillä miehen viha ei tee sitä, mikä on oikein Jumalan edessä."* Me näemme kuinka tärkeää hyvyyden omaaminen ja Jumalan vanhurskauden saavuttaminen on. Hyvyys viittaa hyvään sydämeen, ja viha on päinvastaista; vihastuminen on epävanhurskasta ja pahansuopaa.

Jeesus teki muita kohtaan ainoastaan hyviä tekoja, sillä Hän oli itse hyvyys. Jeesukselle kateelliset ihmiset kuitenkin mustamaalasivat Häntä monella tavoin ja he käyttäytyivät Häntä kohtaan pahuudella. Jeesus ei hyökännyt heitä vastaan tai riidellyt heidän kanssaan, vaan sen sijaan Hän yritti saada heidät ymmärtämään syntisyydestä hyvien ja lempeiden sanojen avulla. Joskus Hän pelkästään kääntyi heistä pois. Hän teki kuitenkin kaikki tekonsa rauhanomaisesti.

Nykyään me näemme erittäin usein kuinka ihmiset huutavat toisille ja loukkaavat toisten tunteita jos nämä eivät ole samaa mieltä heidän omien ajatusten, suunnitelmien ja halujen suhteen. Vanhemmat loukkaavat omien lastensa tunteita ja naapurit satuttavat toisiaan.

Aina siitä lähtien kun minusta tuli vanhempi pastori useat papit ja kirkon työntekijät ovat tehneet sellaisia virheitä jotka ovat olleet anteeksiantamattomia, mutta minä olen aina ollut kärsivällinen heidän kanssaan ja rukoillut että he muuttuisivat. Tämän johdosta tänään kirkossa on useita päteviä pappeja ja työntekijöitä jotka tekevät työtä Jumalan kuningaskunnan eteen suurella intohimolla.

Hyvä samarialainen

Luukaksen kirja jakeissa 10:25-37 oleva vertauskuva hyvästä samarialaisesta näyttää meille minkälainen ihminen omaa hyvyyttä sydämessään:

Eräs mies vaelsi Jerusalemista alas Jerikoon ja joutui ryövärien käsiin, jotka riisuivat hänet alasti ja löivät haavoille ja menivät pois jättäen hänet puolikuolleeksi. Niin vaelsi sattumalta eräs pappi sitä tietä ja näki hänet ja meni ohitse. Samoin leeviläinenkin: kun hän tuli sille paikalle ja näki hänet, meni hän ohitse. Mutta kun eräs samarialainen, joka matkusti sitä tietä, tuli hänen kohdalleen ja näki hänet, niin hän armahti häntä. Ja hän meni hänen luokseen ja sitoi hänen haavansa ja vuodatti niihin öljyä ja viiniä, pani hänet juhtansa selkään ja vei hänet majataloon ja hoiti häntä. Ja seuraavana aamuna hän otti esiin kaksi denaria ja antoi majatalon isännälle ja sanoi: "Hoida häntä, ja mitä sinulta lisää kuluu, sen minä palatessani sinulle maksan". Kuka näistä kolmesta sinun mielestäsi osoitti olevansa sen lähimmäinen, joka oli joutunut ryövärien käsiin? (Luukas 10:30-36)

Kuka papin, leeviläisen ja samarialaisen joukosta on sitten todellinen naapuri ja rakkauden henkilö? Samarialainen pystyi olemaan ryöstetyn miehen todellinen naapuri, sillä hänellä oli sydämessään hyvyyttä oikean tien valitsemiseen vaikka häntä pidettiinkin pakanana. Joten kun sinä kohtaat henkilöitä jotka eivät pysty auttamaan sinua heikkoutensa tai sairautensa tähden, todellinen hyvyys kieltää meitä olemaan huomiomatta heitä tai kulkemaan heidän ohitseen, vaan se ohjaa meitä rakastamaan heitä ja huolehtimaan heistä.

Syy siihen että me emme voi omata hyvyyttä

Mikä on sitten syy siihen että me emme voi saavuttaa hyvyyttä sydämissämme siitä huolimatta että me tiedämme totuuden? Lukekaamme Markuksen 14:37-38:

> *Ja hän tuli ja tapasi heidät nukkumasta ja sanoi Pietarille:"Simon, nukutko? Etkö jaksanut yhtä hetkeä valvoa? Valvokaa ja rukoilkaa, ettette joutuisi kiusaukseen; henki tosin on altis, mutta liha on heikko."*

Meidän tulee olla hereillä ja rukoilla lakkaamatta, sillä rukoilu on hengen hengittämistä. Joskus me olemme kuitenkin kykenemättömiä rukoilemaan sillä liha on heikko. Tässä "heikko liha" ei tarkoita sitä että meidän fyysiset kehomme olisivat heikkoja, vaan sitä että me emme pysty käyttäytymään hyvyyden mukaan lihallisten ajatustemme tähden.

Joten me emme voi saavuttaa hyvyyttä sydämissämme sillä meidän lihamme on heikko vaikka meidän henkemme onkin altis. Tämä johtuu lähinnä siitä että syntinen luonteemme on yhä meidän seuranamme.

Mitä meidän tulee sitten tehdä voidaksemme saavuttaa hyvyyden sydämiimme ja saadaksemme astua Uuteen Jerusalemiin? Jumala on näyttänyt meille suunnan Filippiläiskirjeessä 4:8-9:

Ja vielä, veljet, kaikki, mikä on totta, mikä kunnioitettavaa, mikä oikeaa, mikä puhdasta, mikä rakastettavaa, mikä hyvältä kuuluvaa, jos on jokin avu ja jos on jotakin kiitettävää, sitä ajatelkaa; mitä myös olette oppineet ja saaneet ja minulta kuulleet ja minussa nähneet, sitä tehkää, niin rauhan Jumala on oleva teidän kanssanne.

Jos me panemme käytäntöön kaikki mitä me olemme oppineet, saaneet ja kuulleet Herralta tai nähneet Hänessä, mikään ei tule olemaan mahdotonta, sillä "rauhan Jumala" tulee olemaan kanssamme. Sitten me voimme Jeesuksen tavoin ylistää Jumalaa hyvin teoin.

Meidän tulee saavuttaa hyvyys sydämiimme rukouksilla, ja meidän tulee omata kaikessa hyvä asenne kuten Jeesus, joka ei riidellyt tai kohottanut ääntään. Meidän tulee myös saavuttaa täydellisyys puhtaiden piirteiden, totuudenmukaisten sanojen ja jumalallisten tekojen avulla, heittämällä pois lihan pahat teot Pyhän Hengen kautta.

Krysoprasi: Itsekuri

Krysoprasi, Uuden Jerusalemin muurien kymmenes perustus, on kaikista kallein kalsedoni. Se on puoliksi läpikuultava ja väriltään tummanvihreä, ja ennen vanhaan se oli yksi arvokkaista kivistä joita korealaiset naiset pitivät erittäin kallisarvoisena. Heille krysoprasi edusti naisten siveellisyyttä ja puhtautta.

Mitä krysoprasi symboloi hengellisesti? Se symboloi itsekuria. On hyvä omata kaikkea yltäkylläisesti Jumalassa, mutta ihmisen täytyy omata itsekuria tehdäkseen kaikesta kaunista. Itsekuri on myös yksi Pyhän Hengen yhdeksästä hedelmästä.

Itsekuri täydellisyyden saavuttamiseksi

Timoteus 1:7-9 kertoo meille seurakuntapalvelijoiden ominaisuuksista joista yksi on itsekuri. Mitä pystyisi sellainen mies saavuttamaan hallitsemattomassa elämässään jos hänestä tulisi seurakuntapalvelija ilman että hän omaisi itsekuria?

Meidän tulisi pystyä erottamaan totuus epätotuudesta ja seurata itsekurin avulla Pyhää Henkeä kaikessa mitä me teemme Herran puolesta ja Hänen edestään. Me tulemme olemaan kaikessa menestyksekkäitä itsekurimme ansiosta jos me pystymme kuulemaan Pyhän Hengen äänen. Jos meiltä kuitenkin puuttuu itsekuria asiat voivat mennä huonosti ja me voimme jopa kohdata onnettomuuksia, luonnollisia ja ihmisten aiheuttamia katastrofeja, sairauksia, sekä muita vastaavia tapahtumia.

Itsekurin hedelmä on myös erittäin tärkeä, ja se on yksi

täydellisyyden saavuttamiseen vaadittavista asioista. Me voimme kantaa ilon, rauhan, kärsivällisyyden, ystävällisyyden, hyvyyden, uskollisuuden ja lempeyden hedelmiä sen mukaisesti kuinka me kannamme rakkauden hedelmää, ja kaikkia näitä hedelmiä täydentää itsekuri.

Itsekuria voidaan verrata ihmiskehon peräaukkoon. Pienestä koostaan huolimatta sillä on erittäin tärkeä rooli. Mitä jos se menettää kykynsä supistua? Silloin sinä et voi hallita ulosteitasi ja tämä olisi likaista ja säädytöntä.

Samalla tavalla kaikki voi muuttua likaiseksi jos me menetämme itsekurimme. Ihmiset elävät epätotuudessa sillä he eivät pysty hillitsemään itseään hengellisesti. Tämän tähden he kohtaavat koettelemuksia eivätkä he ole Jumalan suosiossa. Jos me emme pysty hillitsemään itseämme fyysisesti, me tulemme tekemään epävanhurskaita ja lainvastaisia asioita, sillä me syömme ja juomme liikaa, tehden elämistämme epäjärjestyksenomaisia.

Joten meidän tulisi ymmärtää Uuden Jerusalemin muurien kymmenennen perustuksen, krysoprasin, hengellinen merkitys, ja omata Uuteen Jerusalemiin astumiseen tarvittavat edellytykset saavuttamalla täydellisyyden harjoittamalla kaikessa itsekuria.

Hyasintti: Puhtaus ja Pyhyys

Uuden Jerusalemin muurien yhdestoista perustus, hyasintti, on kallisarvoinen kivi joka on läpikuultava ja sinertävän värinen, ja joka symboloi hengellisesti puhtautta ja pyhyyttä. Jeesus sanoi

Matteuksen luvussa 5:8: *"Autuaita ovat puhdassydämiset, sillä he saavat nähdä Jumalan"*, puhtaan sydämen omaavat ihmiset saavat nähdä Jumalan.

Tässä "puhtaus" viittaa tilaan jossa sinussa ei ole syntiä ja jossa sinä olet puhdas ilman tahroja tai likaisuutta. "Jumalan näkeminen" tarkoittaa sitä että me voimme nähdä ja kokea Hänen läsnäolonsa kaikessa jokapäiväisen elämämme aikana. Kuka on sitten sellainen ihminen jolla on puhdas sydän, ja kuinka me voimme saavuttaa puhtaan sydämen?

Puhdas sydän Jumalan silmissä

Syy siihen, että puhtaan sydämen omaava henkilö saa nähdä Jumalan, on että hän pystyy kommunikoimaan Jumalan kanssa tietämällä totuuden sekä ymmärtämällä Jumalan tahdon ja toimimalla tämän mukaan.

Joten saavuttaaksesi sydämen puhtauden sinun tulee tuntea Jumalan Raamattuun kirjatun Sanan hengellisen merkityksen ja toimia kokonaan sen mukaisesti. Sinun ei tule toimia vain osaksi sen mukaan, vaan sinun tulee toimia täysin totuuden mukaisesti, kantaen ylläsi Jumalan täydellistä sota-asua (Efesolaiskirje 6:13-17). Toisin sanoen; sinä voit sanoa saavuttaneesi puhtaan sydämen vasta sitten kun Jumalan Sana on täytetty kokonaan henkenä sinun elämässäsi.

Voimmeko me pysyä puhtaina ottamalla jokapäiväisiä kylpyjä, pukeutumalla kauniisiin vaatteisiin ja koristelemalla itsemme? Emme tietenkään! Jumala ei katso ihmisen ulkonäköä vaan tämän sisäistä sydäntä. Jumalan silmissä puhtaan henkilön voidaan sanoa omaavan tahrattoman ja syyttömän, nöyrän, totuudenmukaisen ja rehellisen sydämen. Tällainen henkilö puhuu ja toimii pyhästi, sillä hänen sydämensä on pyhä.

Jumala käyttää ihmistä joka puhdistaa itsensä

2. Timoteus 2:20-21 muistuttaa meitä siitä että Jumala tulee käyttämään jaloihin tarkoituksiinsa sellaista henkilöä joka puhdistaa sydämensä:

Mutta suuressa talossa ei ole ainoastaan kulta-ja hopea-astioita, vaan myös puu-ja saviastioita, ja toiset ovat jaloa, toiset halpaa käyttöä vartenJos nyt joku puhdistaa itsensä tämänkaltaisista, tulee hänestä astia jaloa käyttöä varten, pyhitetty, isännälleen hyödyllinen, kaikkiin hyviin tekoihin valmis.

Puhdas sydän miellyttää Jumalaa, ja Hän antaa voimia ja siunauksia sellaisen omaaville niin että he toimisivat Hänen hyvien tekojensa instrumentteina.

Joten minä kehotan sinua saavuttamaan sydämen puhtauden jota hyasintti, Uuden Jerusalemin muurien yhdestoista perustus, symboloi, ja nauttimaan kaikista Jumalan sinua varten valmistamista siunauksista.

Ametisti: Kauneus ja Nöyryys

Ametisti, Uuden Jerusalemin muurien kahdestoista ja viimeinen perustus on eräänlainen kvartsi jonka väriskaala vaihtelee lähes läpinäkyvästä violetista tummaan purppuraan. Monet ovat ihailleet sitä aikojen alusta lähtien. Hengellisesti ametisti symboloi kauneutta ja nöyryyttä. "Nöyryys" viittaa pehmeyteen, lempeyteen ja kykyyn hyväksyä kaikki muut. Nöyrät ihmiset eivät saa muita tuntemaan oloansa epämukavaksi. Jos aviomies esimerkiksi omaa pehmeän ja lempeän sydämen joka hyväksyy kaikki perheenjäsenet, hänen vaimonsa kunnioittaa ja rakastaa häntä. Jos myös vaimo omaa lempeän sydämen ja hän on aviomiehelleen sekä äiti, sisar ja ystävä, heidän suhteensa tulee olemaan onnellinen ja kaunis.

Nöyrän sydämen omaava ihminen ei loukkaa ketään vaan hän on lepopaikka johon muut voivat tulla lepäämään. Lisäksi nöyryys tuottaa muille lempeyttä ja lohtua, ja niin Jumala pitää sitä kauniina.

Lihallinen nöyryys vs. hengellinen nöyryys

Hengellisellä nöyryydellä on pehmeät ja herkät piirteet, ja hyveen kanssa se tuottaa lempeän ja lämpimän tunteen. Henkilö joka on nöyrä totuudessa ei tuomitse tai arvostele pahalla, vaan hän ymmärtää, antaa anteeksi ja hyväksyy muut. Hänestä ei tule estettä kenellekään, vaan hän hyväksyy kaiken ja antaa jopa oman elämänsä muiden edestä. Hän ei kuitenkaan tulkitse mitään pahalla, valita, tai vastusta mitä muut sanovat. Tällainen henkilö omaa kauniin sydämen.

Jos meiltä puuttuu intohimo ja uskollisuus Jumalan työtä kohtaan meidän nöyryytemme on lihallista, olimme me sitten kuinka nöyriä tahansa. Jos me olemme hengellisesti nöyriä, meidän rakkautemme Jumalaa kohtaan on palavaa ja meistä tulee uskollisia koko sydämemme pohjasta.

4. Moos. 12 kertoo meille että Jumala rakasti Moosesta niin paljon sen tähden, että profeetta oli nöyrempi kuin kukaan muu tämän maan päällä. Tämän tähden Jumala ei puhunut hänelle unien tai näkyjen kautta vaan Hän puhui Moosekselle kasvotusten

Joten hengellinen nöyryys on hedelmä joka miellyttää Jumalaa. Tämän tähden paholais-vihollinen pelkää niitä jotka omaavat nöyrän sydämen ja se pysyy heistä kaukana.

Esimerkki Kiinan historiasta

Muinaisen Kiinan Qi-dynastian aikana oli kaksi ystävystä nimeltään Guan Zhong ja Bao Shu Ya. He olivat olleet ystäviä lapsuudestaan saakka ja heillä oli erittäin läheinen suhde. Bao Shy Ya kuitenkin tiesi että Guan Zhon oli paljon häntä viisaampi ja pätevämpi. Vaikka Quan Zhong oli ovela ja hän harhautti Bao Shu Yania monta kertaa, Bao Shu Ya ei kuitenkaan suuressa hyväksynnässään puhunut tästä kenenkään muun kanssa.

Tuohon aikaan Guan Zhong oli prinssi Jaun palveluksessa, kun taas Bao Shu Ya oli prinssi So Huanin palveluksessa. Qi-dynastian aikana syttyi kapina ja kuningas kuoli. Joten prinssi Jaun ja So Huan sotivat valtaistuimesta. Prinssi Jau kuoli tässä sodassa, ja Guan Zhong pidätettiin. Nyt Bao Shu Ya suositteli Guan Zhongia kuningas So Huanille jotta Gian Zhong voisi palvella uutta kuningasta. Kuningas kuitenkin halusi teloittaa Guan Zhongin sillä tämä oli kerran ollut hänen vihollisensa.

Bao Shu Ya sanoi kuitenkin kuninkaalle että koko maan hallitseminen olisi vaikeaa ilman Guan Zhongin kaltaista pätevää henkilöä. Tämän tähden Guan Zhong nimitettiin ministeriksi ja So Huan uskoi hänen haltuunsa kaikki poliittiset asiat. Loppujen lopuksi So Huan saattoi yhdistää monta maata Guan Zhongin viisauden avulla.

Muiden pitäminen parempina nöyrin sydämin

Nöyrällä sydämellään Bao Shu Ya yritti edistää, palvella ja auttaa itseään viisaampaa ja pystyvämpää Guan Zhongia. Lopulta nämä tapahtumat loivat perustan Qi-dynastian synnylle. Siitä huolimatta että Bao Shu Ya tiesi että Guan Zhong tulisi saavuttamaan häntä itseään korkeamman aseman, Bao Shy Ya silti tahtoi että Guan Zhong nimitettäisiin tähän tehtävään maan yhteisen edun tähden.

Minkälaisen sydämen sinä omaat? Bao Shu Yan nöyrä sydän on Jeesuksen sydämen kaltainen. Me käyttäydymme nöyrin mielin ilman riitelyä jos me omaamme nöyrän sydämen, sillä silloin meissä ei ole mitään millä loukata muita. Tämän tähden Filippiläisirje 2:3 sanoo meille: *"Ettekä tee mitään itsekkyydestä tai turhan kunnian pyynnöstä, vaan että nöyryydessä pidätte toista parempana kuin itseänne."*

Jos sinussa on nöyryyttä ja sinä pidät muita parempina

kuin itseäsi et sinä loukkaa, satuta, tai aiheuta muille väärinymmärryksiä. Sen sijaan sinä olet halukas palvelemaan heitä ensin, sekä edistämään heidän etujaan sekä auttamaan heitä ylenemään.

Tämänkaltaisen alttiin sydämen omaava henkilö on itsekin onnellinen. Hänen kauttaan hänen elämäänsä kuuluvat ihmisetkin tulevat onnelliseksi, ja tietenkin Jumala rakastaa häntä yhä enemmän.

Joten minä kehoitan sinua olemaan Herran nöyrän ja vaatimattoman sydämen kaltainen sekä Jumalan rakastama niin että sinä tulet saamaan omaksesi aidon rauhan ja levon (Matteus 11:28-30).

Nöyrät tulevat perimään taivaan maat

Matteuksen luvussa 5:5 Jeesus kertoo meille niistä siunauksista jotka odottavat nöyriä, jotka tulevat perimään taivaan maat:

Autuaita ovat hiljaiset, sillä he saavat maan periä.

Mitä sitten tarkoittaa tämä sanonta: "Hiljaiset saavat periä maan?" Ensinnäkin, hengellistä nöyryyttä omaavat voivat tulla Herran sydämen kaltaiseksi paljon nopeammin, sillä heidän sydämensä eivät ole karkeita. Toisaalta taas sellaiset henkilöt jotka eivät ole nöyriä joutuvat taistelemaan heidän omia syntejään vastaan, joten joskus he viipyvät samalla tasolla ilman että he etenisivät ollenkaan, ja joskus he voivat jopa ottaa takaaskelia koettelemusten aikana.

Nöyrän sydämen omaavat ihmiset voivat kuitenkin edetä nopeasti, sillä heissä ei ole useita ominaisuuksia joita vastaan heidän pitäisi taistella sisimmässään. Lisäksi nöyrät saavuttavat monien ihmisten sydämet, ja tämä on hengellistä valtaa. Jumala antaa hengellistä valtaa niille joissa on tätä nöyryydestä kumpuavaa lempeyttä, ja Hän ylentää heidät. Luonnollisesti nämä yksilöt saavata osakseen suuren palan taivaan maata. Tämä ei kuitenkaan tarkoita sitä, että jokainen joka on nöyrä, pääsisi Uuteen Jerusalemiin.

Vastasyntynyt vauva saattaa vaikuttaa erittäin nöyrältä, sillä hänen sisäinen syntinen luonteensa ei ole vielä näyttäytynyt ulkoisesti. Vauvan kuitenkin kasvaessa hänen syntinen luonteensa tulee paljastuneeksi erilaisten tapahtumien ja olosuhteiden kautta.

Vaikka henkilö saattaakin vaikuttaa nöyrältä suurimman osan ajasta, hän on silti kaukana hengellisestä nöyryydestä jos hänen tunteensa tulevat satutetuiksi jossakin tilanteessa. Joten meidän tulee saavuttaa hengellinen nöyryys heittämällä pois kaikenlainen paha, ja olemalla Herran kaltainen jonka sydän oli nöyrä, ei karkea.

Voidaksemme saavuttaa tämän meidän tulee pohdiskella Jumalan Sanaa joka päivä ja tehdä kaiken hyvyydellä ja nöyryydellä, oli sitten kyse nauramisesta, kävelemisestä tai mistä tahansa muusta. Meidän ei tulisi koskaan loukata ketään tai tulla loukatuksi; meidän ei tulisi koskaan tuntea kipua sydämessämme kohtaamiemme ihmisten tai tapahtumien tähden.

Minä toivon että Jumala rakastaisi sinua niin kuin Moosesta, jonka sydän oli nöyrempi kuin kenenkään muun maan päällä, ja jota Jumala niin suojeli ja arvosti.

Me olemme tutkineet Uuden Jerusalemin muurien kahdentoista perustuksen rakennusaineina olevien kahdentoista eri jalokiven hengellistä merkitystä. Näiden yhdistelmä on Jeesuksen Kristuksen sydän sekä Jumalan sydän: rakkauden huipentuma. Herra täytti lain rakkaudella, ja koska rakkaudella on monta väriä, se ilmenee näiden kahdentoista jalokiven useissa eri väreissä.

Näiden kahdentoista perustuksen sydän symboloi rakkauden huipentumaa, ja sen voidaan sanoa olevan yhdistelmä Matteuksen luvusta 5 löytyviä Hyveitä, hengellistä rakkautta joka löytyy 1. Korinttolaiskirjeen luvusta 13, sekä Galatalaiskirjeen 5 yhdeksää Pyhän Hengen hedelmää.

Näiden kahdentoista jalokiven sydämen saavuttaminen tarkoittaa sitä, että sinä olet saavuttanut Jeesuksen Kristuksen sydämen, ja että sinä pääset varmasti Uuteen Jerusalemiin. Lisäksi sinun talosi Uudessa Jerusalemissa tulee loistamaan kirkkaasti ja loistavasti kahdentoista jalokiven yhdistelmänä, ja se tulee olemaan uskomattoman kauniisti koristeltu. Uuden Jerusalemin kaupunki on erittäin kaunis, loistava ja mahtava, sillä siellä asuvat ne ihmiset joiden sydämet ovat kahdentoista jalokiven huipentuman kaltaisia.

Minä rukoilen Herran Jeesuksen Kristuksen nimessä, että sinä saisit saavuttaa Jeesuksen Kristuksen sydämen niin että sinä saisit asua ikuisesti Uudessa Jerusalemissa, jonka Jumala on rakentanut mahtavalla, loistavalla ja kauniilla tavalla kahdentoista perustuksen päälle.

☙ Luku 6 ❧

Kaksitoista Helmiporttia
Ja Kultainen Tie

Ja ne kaksitoista porttia olivat kaksitoista helmeä:
kukin portti oli yhdestä helmestä; ja kaupungin katu oli
puhdasta kultaa, ikäänkuin läpikuultavaa lasia.

- Ilmestyskirja 21:21

Uuden Jerusalemin kaupungilla on kaksitoista porttia, kolme pohjoisella, eteläisellä, itäisellä ja läntisellä muurilla. Jokaista porttia vartioi kookas enkeli, ja tämä näky kertoo yhdellä silmäyksellä Uuden Jerusalemin kaupungin ihmeellisyydestä ja arvokkuudesta. Jokaisella portilla on holvinsa, ja ne ovat niin korkealla että meidän pitää katsoa kauas ylös nähdäksemme ne. Jokainen portti on tehty yhdestä suuresta helmestä. Se liukuu sivulle auetessaan, ja siinä on kullasta ja jalokivistä tehty kahva. Portti aukeaa automaattisesti ilman että kenenkään tarvitsee avata sitä käsin.

Jumalan on valmistanut lapsilleen kauniista helmistä kaksitoista porttia ja puhtaasta kullasta katuja. Kuinka paljon kauniimpia ja ihmeellisempiä olisivatkaan sitten kaupungin rakenteet?

Ennen kuin syvennymme Uuden Jerusalemin rakennuksiin ja nähtävyyksiin miettikäämme ensin miksi Jumala on valmistanut Uuden Jerusalemin portit helmistä, ja minkälaisia muita katuja siellä on näiden kultaisten katujen lisäksi.

Kaksitoista Helmiporttia

Ilmestyskirja 21:21 kuuluu seuraavasti: *"Ja ne kaksitoista porttia olivat kaksitoista helmeä: kukin portti oli yhdestä helmestä; ja kaupungin katu oli puhdasta kultaa, ikäänkuin läpikuultavaa lasia."* Miksi nämä kaksitoista porttia on sitten valmistettu helmestä kun Uudessa Jerusalemissa on niin monia muitakin jalokiviä? Jotkut saattavat sanoa että olisi parempi jos jokainen portti olisi koristeltu erilaisilla jalokivillä koska näitä portteja on kerran kaksitoista, mutta Jumala on kuitenkin koristanut nämä kaksitoista porttia pelkästään helmellä.

Tämä johtuu siitä että tämä pitää kätkeytyneenä sisällään sekä hengellistä merkitystä että Jumalan suunnitelman. Toisin kuin muut jalokivet, helmet ovat eri arvoisia, ja niitä pidetään arvokkaampina sen tähden että niiden syntymä on tuskaliaan prosessin tulos.

Kuin prosessi jolla simpukka luo helmen

Kuinka helmi syntyy? Helmi on yksi kahdesta meren orgaanisesta jalokivestä, joista toinen on koralli. Useat kansat ovat ottaneet sen käyttöönsä, sillä se kiiltää kauniisti ilman että sitä tarvitsee kiillottaa.

Helmi muodostuu helmisimpukan kuoren sisäpinnalle. Se on pyöreä tai pyöreähkö kokoelma epänormaalia loistavaa eritettä joka muodostuu enimmäkseen kalsiumkarbonaatista. Simpukka kokee suuria tuskia kun jokin vieras aines pääsee sen pehmeän lihan sisälle. Se tuntuu samalta kuin jos joku pistäisi sitä neulalla. Tällöin simpukka taistelee tätä vierasta ainesta vastaan joka tuottaa sille niin paljon tuskaa. Helmi syntyy kun simpukan erite peittää tämän vieraan aineen yhä uudelleen ja uudelleen.

On olemassa kahdenlaisia helmiä: luonnonhelmiä ja viljeltyjä helmiä. Ihmiset ovat saaneet selville periaatteen jonka mjukaan helmet syntyvät. He kasvattavat useita simpukoita ja asettavat keinotekoisia aineksia simpukoiden sisään jotta ne tuottaisivat helmiä. Nämä helmet näyttävät luonnollisilta, mutta ne suhteellisen halpoja sillä niiden helmiäiskerrokset ovat ohuempia.

Simpukka valmistaa kauniin helmen kärsimällä suuria tuskia vieraan aineksen tähden, ja samalla tavalla Jumalan lapset käyvät läpi kestävyyden prosessin pyrkiessään löytämään Jumalan kadotetun kuvastuksen. He voivat olla voittoisia uskon avulla joka on puhtaan kullan kaltaista ja jonka avulla he voivat astua Uuteen Jerusalemiin vasta sen jälkeen kun he ovat kestäneet ja käyneet läpi vaikeuksia ja surua tässä maassa eläessään.

Uskon koettelemusten voittaminen

Meidän tulee omata puhtaan kullan kaltaista uskoa voidaksemme käydä Uuden Jerusalemin kahdentoista portin lävitse. Tämänkaltaista uskoa ei vain anneta; me saamme tällaisen uskon palkkioksi vasta sitten kun me olemme kestäneet ja voittaneet uskon koettelemukset samalla tavalla kuin helmi kärsii suuria tuskia kunnes se vihdoin saa valmistetuksi helmen. Selviäminen uskon avulla ei ole kuitenkaan helppoa, sillä Saatana ja paholais-vihollinen yrittävät estää meitä kaikin keinoin omaamasta. Meistä voi tuntua siltä että tie taivaaseen on vaikea ja kivulias kunnes me saavutamme uskon kallion, sillä meidän tulee käydä läpi kiivaita taisteluja paholais-vihollista vastaan sen mukaan kuinka paljon epätotuutta me kannamme sydämissämme.

Me voimme kuitenkin voittaa koettelemukset sillä Jumala antaa meille Hänen armonsa ja voimansa, ja Pyhä Henki auttaa ja ohjaa meitä. Me voimme voittaa kaikenlaiset vaikeudet ja iloita kärsimyksen sijaan jos me seisomme uskon kalliolla seurattuamme näitä askelia.

Buddhalaismunkit lyövät kehojaan ja "orjuuttavat" niitä meditaation avulla karistaakseen kaikenlaiset maalliset asiat. Jotkut munkeista harjoittavat asketismia vuosikymmenten ajan, ja heidän kuoltua heidän jäännöksistään kaivetaan esiin helmenkaltainen esine. Tämä esine on vuosikymmeniä kestäneen itsekurin ja kestävyyden tulos samalla tavoin kuin simpukoista muodostuvat helmet.

Kuinka paljon meidän pitäisikään kestää ja hillitä itseämme jos me yrittäisimme hankkiutua eroon maailmallisista iloista ja hallita ruumiillisia halujamme pelkästään omin voiminemme? Silti Jumalan lapset voivat hankkiutua eroon maailmallisista iloista nopeasti Jumalan armon ja voiman avulla heidän ollessa

Pyhän Hengen tekojen ympäröimänä. Me voimme myös voittaa kaikki vaikeudet Jumalan avulla ja juosta hengellisen kilvan, sillä taivas on valmisteltu meitä varten.

Joten uskon omaavien, uskollisten Jumalan lasten ei tarvitse sietää tuskallisia koettelemuksia, sillä he voivat voittaa ne iloiten ja kiitollisina, odottaen niitä siunauksia jotka he ovat pian saava.

Miksi kaksitoista porttia on valmistettu helmistä?

Helmen valmistuminen kestää kauan aikaa tässä maailmassa, mutta taivaassa Jumala voi valmistaa sen yhdessä hetkessä Hänen ihmeellisellä voimallaan. Tässä maailmassa helmi ei voi myöskään olla suurempi kuin sen simpukka, kun taas taivaassa se voi olla minkä tahansa kokoinen eikä sen kiiltoa ja kauneutta ei voida tietenkään edes verrata tässä maailmassa kasvaviin tai viljeltäviin helmiin.

Miksi Jumala on sitten valinnut kaikkien jalokivilaatujen joukosta helmen Uuden Jerusalemin kahdentoista portin rakennusaineeksi? Me emme voi astua rakennuksen sisälle ilman ovia, oli se sitten kuinka kaunis tai ihmeellinen tahansa. Uuden Jerusalemin portit on valmistettu sopivista jalokivistä, sillä ne ovat erittäin tärkeitä tällä tavalla.

Kuten jo mainittu, helmet ovat erittäin kallisarvoisia kun niiden valmistusprosessi otetaan huomioon. Meidän täytyy voittaa ja sietää paljon kipua päästäksemme Uuteen Jerusalemiin, aivan kuten simpukatkin joutuvat sietämään kipua tuottaakseen helmen. Me voimme käydä läpi näistä porteista vasta sitten kun me olemme voittoisia uskon taistelussa. Nämä portit on valmistettu symboloimaan tätä seikkaa.

Heprealaiskirje 12:4 kertoo meille: *"Ette vielä ole verille asti tehneet vastarintaa, taistellessanne syntiä vastaan."* Ilmestyskirjan 2:10 jälkipuolisko sanoo: *"Ole uskollinen kuolemaan asti, niin minä annan sinulle elämän kruunun."*

Raamattu kertoo meille että me voimme astua Uuteen Jerusalemiin, taivaan kauneimpaan paikkaan, vasta sitten kun me taistelemme syntiä vastaan, heitämme pois kaikenlaisen pahan, olemme uskollisia jopa kuolemaan saakka ja täytämme velvollisuutemme. Tämä prosessi saattaa tuntua äärimmäisen vaikealta kunnes me seisomme uskon kalliolla, mutta koska Jumalan lapset uskovat Jumalaan ja Hänen taivaalliseen kuningaskuntaansa he voivat olla aina iloisia ja kiitollisia ja voittaa kaikki vastoinkäymiset. Kuten Raamattu sanoo: *"Olkaa aina iloiset. Rukoilkaa lakkaamatta. Kiittäkää joka tilassa. Sillä se on Jumalan tahto teihin nähden Kristuksessa Jeesuksessa"* (1. Tessalonikalaiskirje 5:16-18).

Joten rukoilemalla kiivaasti ja saavuttamalla voiton uskossa meidän tulisi voida käydä läpi Uuden Jerusalemin helmiporteista.

Kaksitoista helmiporttia ovat niille jotka ovat voitokkaita uskossaan

Kuten voitokkaat sotapäälliköt jotka palaavat kotiin menestyksekkäiden taistelujen jälkeen ja marssivat muistomerkin lävitse joka kertoo heidän uroteoistaan, kaksitoista helmiporttia ovat riemukaaria niille jotka ovat voitokkaita uskossaan,

Ennen vanhaan ihmiset rakensivat erilaisia muistomerkkejä

ja rakennuksia jotka he nimesivät sankarillisten miesten mukaan toivottaakseen ja kunnioittaakseen voitokkaina kotiinpalaavia sotilaita ja heidän komentajiaan. Voitokas kenraali sai osakseen kunniaa ja hän kävi riemukaaren tai portin lävitse kuninkaan lähettämissä vaunuissa samalla kun suuri väkijoukko toivotti hänet tervetulleeksi.

Kuninkaan ja kuningattaren seurassa istuneet ministerit toivottivat heidät tervetulleiksi kun he saavuttivat juhlasalin ylistyslaulujen kaikuessa. Sitten komentaja laskeutui vaunuista ja kumarsi kuninkaan edessä, ja kuningas nosti hänet ylös ja ylisti hänen ansiokkaita palveluksiaan. Sitten he söivät, joivat ja jakoivat voiton ilon keskenään. Komentaja saattoi saada osakseen valtaa, rikkauksia ja kunnia-arvoja jotka olivat itse kuninkaan vertaisia.

Jos komentajan ja hänen armeijansa valta on suuri, niin kuinka paljon suurempi olisikaan se valta joka tulee niiden osaksi jotka käyvät Uuden Jerusalemin helmiporttien lävitse? Isä Jumala rakastaa ja lohduttaa heitä, ja he saavat asua täällä ikuisesti sellaisessa kirkkaudessa jota ei voida verrata riemukaaren alitse käyneiden komentajien tai sotilaiden kunniaan. Kulkiessaan kahdentoista yksittäisestä helmestä muodostetun portin lävitse heitä muistutetaan siitä uskon matkasta jonka aikana he kamppailivat ja tekivät parhaansa, ja kiitollisina he vuodattavat kyyneleitä sydämensä pohjasta.

Kahdentoista helmiportin loisto

Taivaassa ihmiset eivät koskaan unohda mitään pitkänkään

ajan kuluessa, sillä taivas on osa hengellistä maailmaa. Sen sijaan he joskus viettävät aikaa menneitä muistellen.

Tämän tähden Uuteen Jerusalemiin astuvat ovat niin tunteellisia katsoessaan kahtatoista helmiporttia, ajatellen "Minä olen voittanut useita koettelemuksia ja vihdoinkin saapunut Uuteen Jerusalemiin!" He iloitsevat muistaessaan että he taistelivat ja lopulta voittivat paholais-vihollisen ja maailman sekä heittivät itsestään pois kaiken epätotuuden. He kiittävät jälleen Isä Jumalaa, muistaen Hänen rakkauttaan joka johti heidät peittoamaan maailman. He myös kiittävät niitä jotka auttoivat heitä saavuttamaan tämän paikan.

Tässä maailmassa kiitollisuus katoaa tai haalenee ajan kuluessa, mutta koska taivaassa ei ole vilpillisyyttä, ihmisten kiitollisuus, ilo sekä rakkaus kasvavat yhä suuremmiksi ajan kuluessa. Joten kun Uuden Jerusalemin asukkaat katsovat helmiportteja, he ovat kiitollisia sekä Jumalan rakkaudesta että niistä ihmisistä jotka auttoivat heitä saavuttamaan Uuden Jerusalemin.

Minä olen vilpittömästi kiitollinen sekä niille jotka saarnasivat minulle evankeliumia että niille jotka osoittivat minulle armoaan. Minä olen kuka olen tänä päivänä heidän ansioistaan, joten minä en voi kiittää heitä vain kerran ja jatkaa elämääni; minä tulen olemaan heille päivä päivältä yhä kiitollisempi.

Puhtaasta Kullasta Valmistetut Kadut

Vihdoin ihmiset astuvat Uuteen Jerusalemiin käyden läpi

majesteettisten ja holvimaisten helmiporttien läpi samalla kun he muistelevat maallisia elämiään. Kaupunki on täynnä Jumalan kirkkautta, kaukaista ja rauhanomaista enkelien ylistyksen ääntä, sekä kukkien mietoja tuoksuja. Ottaessaan askeliaan kohti kaupunkia ihmiset tuntevat käsittämätöntä onnea ja riemua.

Me olemme jo keskustelleet kahdellatoista jalokivilaadulla koristelluista muureista sekä kauniista helmiporteista. Mistä Uuden Jerusalemin kadut on sitten tehty? Ilmestyskirjan 21:21 mukaisesti: *"ja kaupungin katu oli puhdasta kultaa, ikäänkuin läpikuultavaa lasia"* Jumala on valmistanut Uuden Jerusalemin kadut puhtaasta kullasta jonka päällä Hänen lapsensa saavat astua kaupunkiin.

Jeesus Kristus: Tie

Tässä maailmassa on monenlaisia teitä jotka vaihtelevat salaisista poluista rautateihin ja kapeista poluista valtateihin. Määränpäästä ja tarpeistaan riippuen ihmiset valitsevat erilaisia teitä. Taivaaseenpääsyyn on kuitenkin vain yksi ainoa tie: Jeesus Kristus.

Minä olen tie ja totuus ja elämä; ei kukaan tule Isän tykö muutoin kuin minun kauttani (Joh. 14:6).

Jeesus, Jumalan ainoa Poika, avasi tien pelastukseen tulemalla ristiinnaulituksi koko ihmiskunnan puolesta joka oli kuoleva syntiensä tähden, ja Hän nousi ylös kolmantena päivänä. Me täytämme ikuiseen elämään vaadittavat pääsyvaatimukset kun

129

me uskomme Jeesukseen Kristukseen. Joten Jeesus Kristus on ainoa tie taivaaseen, pelastukseen ja ikuiseen elämään. Lisäksi tie ikuiseen elämään käy Jeesuksen Kristuksen vastaanottamisen ja Hänen luonteensa muistuttamisen kautta.

Kultaiset kadut

Molemmin puolin Elämän Veden Virtaa on katu jota pitkin kaikki voivat helposti löytää tiensä Jumalan valtaistuimelle äärettömässä taivaassa. Elämän Veden Virtaa saa alkunsa Jumalan ja Karitsan valtaistuimesta, virtaa Uuden Jerusalemin kaupungin sekä taivaan kaikkien asuinsijojen lävitse ja palaa sitten Jumalan valtaistuimelle.

Ja hän näytti minulle elämän veden virran, joka kirkkaana kuin kristalli juoksi Jumalan ja Karitsan valtaistuimesta. Keskellä sen katua ja virran molemmilla puolilla oli elämän puu, joka kantoi kahdettoista hedelmät, antaen joka kuukausi hedelmänsä, ja puun lehdet ovat kansojen tervehdyttämiseksi (Ilmestyskirja 22:1-2).

"Vesi" symboloi hengellisesti Jumalan Sanaa, ja koska me saamme elämän Hänen Sanansa kautta ja kuljemme ikuisen elämän tietä Jeesuksen Kristuksen kautta, Elämän Veden Virta virtaa Jumalan ja Karitsan valatistuimesta.

Koska Elämän Veden Virta myös kiertää koko taivaan, me voimme löytää Uuden Jerusalemin helposti seuraamalla yksinkertaisesti Virran molemmin puolin olevaa kultaista tietä.

Kultaisten katujen merkitys

Kultaiset kadut eivät sijaitse pelkästään Uudessa Jerusalemissa vaan niitä on myös taivaan kaikissa muissa paikoissa. Samalla tavalla kuin loisto, materiaali ja kauneus eroavat jokaisen asuisijan mukaan, niin myös kultaisten katujen loisto vaihtelee asuinsijojen mukaan.

Taivaan puhdas kulta ei ole pehmeää niin kuin tämän maailman kulta, vaan kovaa. Kun me kuitenkin kävelemme näiden kultaisten katujen päällä ne tuntuvat pehmeiltä. Taivaassa ei ole lisäksi pölyä tai mitään likaa, ja koska mikään ei koskaan kulu, kultaiset kadut eivät koskaan vahingoitu. Molemmin puolin teitä kukkivat kauniit kukat jotka tervehtivät kadulla kulkevia Jumalan lapsia.

Mikä on sitten syy siihen että kadut on tehty puhtaasta kullasta ja mikä on tämän merkitys? Tämän tarkoituksena on muistuttaa meitä siitä että mitä puhtaampia meidän sydämemme on, sitä paremmassa paikassa me saamme asua taivaassa. Jumala on valmistanut tiet puhtaasta kullasta myös sen tähden, että kulta edustaa hengellistä uskoa sekä tästä uskosta syntynyttä palavaa toivoa, ja me voimme astua Uuteen Jerusalemiin vasta sitten kun me etenemme kohti kaupunkia uskon ja toivon avulla.

Kukkatiet

Käveleminen kultaisen tien päällä eroaa kukista valmistetun

131

tien päällä kävelemisestä samalla tavoin kun vastaleikatun ruohon päällä käveleminen eroaa kivien tai päällystetyn tien päällä kävelemisestä. On myös olemassa jalokivistä tehtyjä teitä, ja sinä tunnet olosi eri tavalla onnelliseksi kun kävelet niiden päällä. Me huomaamme että eri kulkuneuvot eroavat mukavuudessaan, oli sitten kyseessä esimerkiksi lentokone, juna tai bussi, ja tämä sama pätee myös taivaassa. Tien päällä käveleminen eroaa täysin siitä että sinua kuljetetaan automaattisesti Jumalan voimasta.

Taivaan kukkateiden molemmin puolin ei ole kukkia sillä tiet itse on valmistettu kukista jotta ihmiset voivat kävellä niiden päällä. Niiden päällä kävely on kuin pehmeän maton päällä kävely paljain jaloin, ja se tuntuu pehmeältä ja untuvaiselta. Kukat eivät vahingoitu tai kuihdu, sillä meidän hengelliset kehomme ovat erittäin kevyitä eivätkä kukat siis tule tallatuiksi.

Taivaalliset kukat myös iloitsevat ja vapauttavat ilmaan tuoksuaan kun Jumalan lapset kulkevat niiden päällä. Joten kun he kävelevät kukkateillä nämä tuoksut sulautuvat heidän kehoihinsa niin että heidän sydämensä ovat autuaita, virkistyneitä ja onnellisia.

Jalokivitiet

Tiet on valmistettu useista ihmeellisen erivärisistä jalokivistä jotka ovat täynnä valoa, ja mikä mielenkiintoisempaa, ne säihkyvät kauniimmissa valoissa hengellisten kehojen kävellessä niiden päällä. Jopa jalokivet levittävät tuoksua, ja ilo ja onni jonka sinä tunnet on käsittämätöntä. Jalokivien päällä käveleminen on myös hieman jännittävää sillä se tuntuu siltä kuin veden päällä kävelemiseltä. Tämä ei kuitenkaan tarkoita sitä että meistä tuntuisi siltä että me uppoaisimme veteen tai hukkuisimme, vaan sen sijaan me tunnemme riemua jokaisen askeleen kohdalla.

Jalokiviteitä löytyy kuitenkin vain tietyistä taivaan paikoista. Toisin sanoen, ne annetaan palkkioksi sellaisiin taloihin ja sellaisten talojen ympärille jotka kuuluvat ihmisille jotka ovat Herran sydämen kaltaisia, ja jotka ovat edesauttaneet suuresti Jumalan suunnitelman täyttymistä maan päällä. Samalla tavalla kuninkaan linnassa tai palatsissa jopa pienetkin kujat on koristeltu kauniilla, parhaimmista materiaaleista tehdyillä koristeilla.

Ihmiset eivät väsy tai kyllästy mihinkään taivaassa vaan he rakastavat kaikkea ikuisesti sillä he ovat hengellisessä maailmassa. He ovat myös iloisempia ja onnellisempia, sillä jopa pienet esineet ovat täynnä hengellistä merkitystä, ja ihmisten rakkaus ja ihailu kasvavat tämän mukaisesti.

Kuinka kaunis ja ihmeellinen Uusi Jerusalem onkaan! Jumala on valmistanut sen rakkaille lapsilleen. Jopa Paratiisissa sekä Ensimmäisessä, Toisessa ja Kolmannessa Kuningaskunnassa asuvat ihmiset iloitsevat suuresti ja ovat kiitollisia astuessaan läpi helmiporteista Uuden Jerusalemin kutsuvieraina.

Voitko edes kuvitella kuinka paljon kiitollisempia ja iloisempia Jumalan lapset olisivatkaan jos he astuisivat Uuteen Jerusalemiin sen tähden että he ovat uskollisesti seuranneet Herraa, joka on ainoa tie pelastukseen?

Minä rukoilen Herran Jeesuksen Kristuksen nimessä, että sinä voittaisit kaikenlaiset esteet ja olosuhteet uskon avulla, ja että sinä etenisit kohti Uuden Jerusalemin kahtatoista helmiporttia samalla tavalla kuin helmisimpukka joka tuottaa kauniin helmen kärsittyään kovia tuskia.

Luku 7

Hurmaava Näky

Mutta temppeliä minä en siinä nähnyt; sillä Herra Jumala, Kaikkivaltias, on sen temppeli, ja Karitsa. Eikä kaupunki tarvitse valoksensa aurinkoa eikä kuuta; sillä Jumalan kirkkaus valaisee sen, ja sen lamppu on Karitsa. Ja kansat tulevat vaeltamaan sen valkeudessa, ja maan kuninkaat vievät sinne kunniansa. Eikä sen portteja suljeta päivällä, ja yötä ei siellä ole, ja sinne viedään kansojen kunnia ja kalleudet. Eikä sinne ole pääsevä mitään epäpyhää eikä ketään kauhistusten tekijää eikä valhettelijaa, vaan ainoastaan ne, jotka ovat kirjoitetut Karitsan elämänkirjaan.

-Ilmestyskirja 21:22-27

Pyhä Henki näytti Uuden Jerusalemin apostoli Johannekselle ja hän kirjasi tämän kaupungin ulkonäön tarkasti ylös katsoessaan alas kaupunkiin jostakin korkeasta paikasta käsin. Johannes oli jo kauan aikaa halunnut nähdä Uuden Jerusalemin sisälle, ja kun hän vihdoin näki kuinka kauniilta kaupungin sisusta näytti, hän joutui suorastaan hurmioon.

Jos me omaamme Uuteen Jerusalemiin astumiseen vaadittavat

edellytykset ja seisomme portin edessä, me saamme nähdä kuinka kaarevan muotoiset helmiportit aukeavat. Nämä portit ovat itse niin suuria että me emme näe missä ne päättyvät. Tuona hetkenä Uuden Jerusalemin kaupungin kuvaamattoman kauniit valot ilmestyvät näkyviimme ja ne kietovat meidät syleilyynsä. Silloin me tunnemme Jumalan suuren rakkauden emmekä me voi estää kyyneleitämme valumasta.

Me ylistämme ikuista kunniaa ja kirkkautta tuntiessamme sen ylitsevuotavan rakkauden joka kuuluu Isä Jumalalle joka on suojellut meitä palavilla silmillään, armon joka kuuluu Herralle joka on antanut meille anteeksi Hänen ristin verellään, sekä rakkauden joka kuuluu sydämissämme asuvalle Pyhälle Hengelle.

Tutkikaamme seuraavaksi apostoli Paavalin kirjoituksista löydettäviä Uuden Jerusalemin kaupungin yksityiskohtia.

Auringonpaisteelle tai Kuunvalolle Ei Ole Tarvetta

Apostoli Johannes tunnusti seuraavasti katsoessaan Jumalan kirkkautta täynnä olevaa Uutta Jerusalemia:

Eikä kaupunki tarvitse valoksensa aurinkoa eikä kuuta; sillä Jumalan kirkkaus valaisee sen, ja sen lamppu on Karitsa (Ilmestyskirja 21:23).

Uusi Jerusalem on täynnä Jumalan kirkkautta sillä itse Jumala asuu siellä ja hallitsee kaupunkia. Kaupungissa sijaitsee hengellisen maailman huippu jossa Jumala muodosti itsestään Kolminaisuuden ihmisten kasvatusta varten.

Jumalan kirkkaus loistaa Uudessa Jerusalemissa

Jumala on asettanut auringon ja kuun tähän maailmaan sitä varten että me tunnistaisimme hyvän ja pahan, ja jotta me erottaisimme hengen lihasta valon ja pimeyden avulla, niin että me voisimme elää uskollisina Jumalan lapsina. Hän tietää kaiken hengestä ja lihasta sekä hyvästä ja pahasta, mutta ihmiset eivät voi tietää näistä asioista ilman että heitä kasvatetaan sillä he ovat pelkkiä luotuja olentoja.

Ennen ihmisten kasvatuksen alkua Aatami oli Eedenin puutarhassa eikä hän olisi koskaan voinut oppia sellaisista asioista kuin pahuus, kuolema, pimeys, köyhyys tai sairaus. Tämän tähden hän ei voinut ymmärtää elämän todellista merkitystä ja onnellisuutta, eikä hän osannut olla kiitollinen Jumalalla joka oli antanut hänelle kaiken siitä huolimatta että hänen elämänsä olikin yltäkylläinen.

Tietääkseen mitä todellinen onnellisuus oli, Aatamin täytyi vuodattaa kyyneleitä, surra, kärsiä kivusta ja sairauksista, sekä kokea kuolemaa. Tämä on ihmisten kasvatuksen prosessi. Ole hyvä ja lue Ristin Sanoma oppiaksesi lisää tästä aiheesta.

Lopulta Aatami teki syntiä olemalla tottelematon ja syömällä hyvän- ja pahantiedon puusta. Hänet ajettiin ulos tästä maasta ja hän joutui kokemaan kaiken suhteellisuuden. Vasta tämän jälkeen hän saattoi ymmärtää kuinka yltäkylläistä, onnellista ja kaunista hänen elämänsä Eedenin puutarhassa oli ollut, ja hän saattoi kiittää Jumalaa vilpittömin sydämin.

Myös hänen jälkeläisensä oppivat erottamaan valon pimeydestä, hengen lihasta, sekä hyvän pahasta ihmisten kasvatuksen kautta jonka aikana he kokivat monenlaisia vaikeuksia. Joten vastaanotettuamme pelastuksen ja päästyämme taivaaseen auringonpaisteelle tai kuunvalolle ei ole mitään tarvetta, sillä ihmisten kasvatuksen aika on ohitse.

Uuden Jerusalemin kaupungissa ei ole ollenkaan pimeyttä sillä itse Jumala asuu siellä. Lisäksi Jumalan kirkkaus loistaa yli Uuden Jerusalemin, joten luonnollisesti kaupunki ei tarvitse aurinkoa, kuuta tai mitään muita lamppuja tai valoja sitä valaisemaan.

Karitsa, Uuden Jerusalemin lamppu

Johannes ei löytänyt mitään auringon tai kuun kaltaista valonlähdettä eikä mitään lyhtyjä. Tämä johtuu siitä että Jeesuksesta Kristuksesta, Karitsasta, tulee Uuden Jerusalemin kaupungin lamppu.

Joh. 1:3 kuuluu seuraavasti: *"Kaikki on saanut syntynsä hänen kauttaan, ja ilman häntä ei ole syntynyt mitään, mikä syntynyt on."* Joh. 15:5 puolestaan lukee: *"Minä olen viinipuu, te olette oksat. Joka pysyy minussa ja jossa minä pysyn, se kantaa paljon hedelmää; sillä ilman minua te ette voi mitään tehdä."* Meidän tulee myös ymmärtää että kaikki asiat luotiin, ja että ihmisten kasvatus alkoi tämän maan päällä Jeesuksen Kristuksen kautta, ja myös ihmiskunnan tie pelastukseen avattiin Hänen kauttaan.

Ihmiskunnan on täytynyt kokea kuolemaa aina siitä lähtien kun ensimmäinen ihminen, Aatami, teki syntiä tottelemattomuudellaan (Room. 6:23). Rakkauden Jumala lähetti Jeesuksen tähän maailmaan ratkaisemaan synnin ongelman. Jeesus, Jumalan Poika, tuli tähän maailmaan ja puhdisti meidät synnistä vuodattamalla oman verensä, ja rikkomalla kuoleman vallan Hänestä tuli ensimmäinen kuolleistanousemisen hedelmä.

Tämä tuloksena kaikki Jeesuksen henkilökohtaiseksi pelastajakseen hyväksyvät saavat lahjaksi elämän, ja he voivat ottaa osaa kuolleistanousemiseen, nauttia ikuisesta elämästä taivaassa, ja saada rukousvastauksia mihin tahansa he ikinä tässä maassa pyytävätkään. Lisäksi Jumalan lapset voivat nyt tulla maailman valoksi elämällä itse valossa, ja he voivat kirkastaa Jumalaa Jeesuksen Kristuksen kautta. Toisin sanoen, samalla tavalla kuin lamppu tuottaa valoa, niin Jumalan kirkkaus loistaa kirkkaammin Jeesus Pelastajan kautta.

Uuden Jerusalemin Riemu

Katsoessamme Uutta Jerusalemia pitkän matkan päästä me voimme nähdä kirkkauden pilvien lävitse kauniita rakennuksia jotka on valmistettu useista erilaisista jalokivistä ja kullasta. Koko kaupunki näyttää kuhisevan elämää monenlaisten valojen sekoituksesta: kallisarvoisista jalokivistä valmistetuista taloista lähtevästä valosta; Jumalan kirkkauden valosta; sekä jaspiksesta ja puhtaasta kullasta valmistetusta muurista lähtevästä kirkkaasta ja sinertävästä valosta.

Kuinka me voisimme ilmaista sanoin sitä tunnetta ja riemua jonka sinä tunnet astuessasi Uuteen Jerusalemiin? Kaupunki on kauniimpi, ihmeellisempi ja hurmiollisempi kuin mitä me voimme edes kuvitella. Kaupungin keskustassa sijaitsee Jumalan valtaistuin, joka on Elämän Virran lähde. Jumalan valtaistuimen ympärillä sijaitsevat talot jotka kuuluvat Elijalle, Eenokille, Aabrahamille, Moosekselle, sekä Maria Magdalenalle ja neitsyt Marialle. Näitä ihmisiä Jumala rakasti erittäin paljon.

Herran Linna

Herran linna sijaitsee Jumalan valtaistuimen oikealla puolen ja hieman sen alapuolella. Tämän valtaistuimen luona Jumala asuu Uudessa Jerusalemissa järjestettävien ylistystapahtumien ja pitojen aikana. Herran linnan keskellä sijaitsee valtava rakennus jossa on kultainen katto, ja tämän rakennuksen ympärillä levittäytyy useita erilaisia rakennuksia loppumattomiin saakka. Kultaisten, kupolinmuotoisten kattojen päällä on useita ihmeellisen valon ympäröimiä kirkkauden ristejä. Ne muistuttavat meitä siitä että me saimme vastaanottaa pelastuksen ja saapua taivaaseen sen tähden että Jeesus otti ristin kantaakseen.

Keskellä linnaa sijaitsee sylinterin muotoinen rakenne. Koska se on koristeltu useilla yksityiskohtaisesti koristelluilla jalokivillä, kauniit valot loistavat yksittäisistä jalokivistä ja ne sekoittuvat keskenään muodostaen sateenkaaren värit. Jos me vertaisimme Herran linnaa ihmisten rakentamiin monumentteihin niin se muistuttaisi eniten Moskovassa olevaa Pyhän Basileuksen katedraalia. Herran linnan tyyliä, materiaaleja tai kokoa ei voida kuitenkaan verrata edes kaikista mahtavimpiin monumentteihin mitä tämän maan päällä on koskaan rakennettu tai suunniteltu.

Herran linnassa on myös useita muita rakennuksia tämän keskustassa sijaitsevan rakennuksen lisäksi. Itse Jumala valmisti nämä rakennukset niin että ihmiset, joiden suhteet olivat läheisiä hengessä, voisivat asua yhdessä rakkaimpiensa kanssa. Herran linnaa vastapäätä sijaitsee kahdentoista opetuslapsen talot yhdessä jonossa. Herran linnan edessä on ensin Pietarin, Johanneksen ja Jaakobin talot, ja muiden opetuslasten talot seisovat näiden takana. Erikoista on, että Herran linnassa on tila, jossa Maria Magdalena ja neitsyt Maria voivat asua. Nämä kaksi asuinsijaa ovat tietenkin tarkoitettu näiden kahden naisen tilapäisiä vierailuja varten kun Herra kutsuu heidät kylään, ja heidän oikeat linnamaiset asuinsijat sijaitsevat lähellä Jumalan valtaistuinta.

Pyhän Hengen linna

Jumalan valtaistuimen vasemmalla puolen ja hieman sen alapuolella sijaitsee Pyhän Hengen linna. Tämä massiivinen linna edustaa Pyhän Hengen nöyriä ja lempeitä, äitimäisiä piirteitä sen useiden sopusuhtaisten, kupolinmuotoisten ja eri kokoisten rakennusten avulla.

Linnan keskellä sijaitsevan kaikista suurimman rakennuksen katto on yhden palavaa rakkautta edustavan sardioninpalasen kaltainen. Tämä rakennuksen ympärillä virtaa Elämän Veden Virta, joka on lähtöisin Jumalan valtaistuimesta ja Herran linnasta.

Kaikki Uuden Jerusalemin linnat ovat mittaamattoman valtavia ja ihmeellisiä, mutta Herran ja Pyhän Hengen linnat ovat erityisen ihmeellisiä ja kauniita. Niiden koko on lähempänä kaupungin kuin linnan kokoa, ja ne on rakennettu erittäin erikoisen tyylin mukaisesti. Tämä johtuu siitä, että toisin kuin muut linnat jotka ovat enkelien rakentamia, nämä linnat ovat itse Isä Jumalan rakentamia. Lisäksi Pyhän Hengen linnan ympärillä olevat talot ovat kauniisti rakennettuja. Ne kuuluvat niille ihmisille jotka yhtyivät Pyhään Henkeen ja edistivät Jumalan kuningaskuntaa maan päällä Pyhän Hengen aikakaudella.

Kirkkauden pilvisilta ja kokouspaikka

Herran ja Pyhän Hengen linnojen välissä on kaarenmuotoinen silta joka yhdistää ne toisiinsa, ja tämä silta on valmistettu kirkkaista, loistavista pilvistä. Keskellä siltaa on kokouspaikka jossa Herra ja Pyhä Henki voivat tavata ja keskustella.

Edes Uuden Jerusalemin asukkaat eivät pääse tähän paikkaan, sillä se on varattu erityisesti pelkästään Herraa ja Pyhää Henkeä varten. Joskus Herra saapuu ensin ja Hän odottaa Pyhää Henkeä, kun taas joskus Pyhä Henki saapuu aikaisemmin ja odottaa Herraa. Täällä he keskustelevat keskenään ystävällisesti kuin veljekset konsanaan, istuen jalokivistä valmistetun pöydän ympärillä yllään sateenkaaren värinen aurinkovarjo. Katsoessaan pilvisillan alla virtaavaa Elämän Veden Virtaa, he keskustelevat kaikesta siitä mitä heillä on mielessään, tunnustavat asioita ja puhuvat muista asioista joista he eivät voineet puhua maailmaa hallitsessaan. He eivät vain keskustele ystävällisesti vaan myös tuntevat ja jakavat Isän rakkauden.

Suuri Temppeli

Pyhän Linnan ympärillä on useita rakennuksia joiden rakentaminen on vielä kesken, ja yksi niistä on erityisen suuri ja ihneellinen rakennus. Siitä löytyy pyöreä katto ja kaksitoista korkeaa pylvästä, ja näiden pylväiden välissä on kaksitoista suurta porttia. Tämä on Suuri Pyhättö joka rakennettu Uuden Jerusalemin jälkeen.

Johannes kuitenkin sanoo Ilmestyskirjan luvussa 21:22: *"Mutta temppeliä minä en siinä nähnyt; sillä Herra Jumala, Kaikkivaltias, on sen temppeli, ja Karitsa."* Miksei Johannes nähnyt temppeliä? Ihmiset yleensä kuvittelevat että Jumala tarvitsee paikan jossa olla, ja että Hän tarvitsee temppelin samalla tavalla kuin me tarvitsemme asuinsijan. Tämän tähden me palvomme Häntä tämän maan päällä niissä pyhätöissä joissa Jumalan sanaa saarnataan.

Johannes 1:1 kuuluu: *"Alussa oli Sana, ja Sana oli Jumalan tykönä, ja Sana oli Jumala."* Eli siellä missä on Sana, siellä on Jumala. Missä tahansa Sanaa saarnataan, siellä on temppeli. Jumala kuitenkin asuu Uuden Jerusalemin kaupungissa. Jumala, joka on itse Sana ja Herra, joka on yhtä Jumalan kanssa, asuvat Uuden Jerusalemin kaupungissa, joten millekään muulle temppelille ei ole tarvetta. Joten Jumala antoi meidän tietää apostoli Johanneksen kautta että millekään muulle temppelille ei ole tarvetta, ja että Jumala sekä Herra ovat Uuden Jerusalemin temppeli.

Me emme kuitenkaan vieläkään tiedä miksi Suurta Temppeliä rakennetaan tänään vaikkei se ollut olemassa apostoli Johanneksen aikaan. Ap. t. 17:24 kertoo meille: *"Jumala, joka on tehnyt maailman ja kaikki, mitä siinä on, hän, joka on taivaan ja maan Herra, ei asu käsillä tehdyissä temppeleissä."* Jumala ei asu tietyssä temppelirakennuksessa. Psalmi 103:19 kertoo meille myös, että: *"Herra on pystyttänyt istuimensa taivaisiin, ja hänen kuninkuutensa hallitsee kaikkia."* Jumalan valtaistuin on taivaassa.

Vaikka Jumalan valtaistuin onkin taivaassa, Hän tahtoo silti rakentaa Suuren Temppelin joka edustaa Hänen kirkkauttaan. Suuresta Temppelistä tulee vankkumaton todiste joka julistaa koko maailmalle Jumalan voimasta ja kirkkaudesta.

Nykyään maailmassa on useita mahtavia ja ihmeellisiä rakennuksia. Ihmiset käyttävät suuria rahasummia ja he rakentavat kauniita rakennuksia juhlistaakseen itseään omaksi ilokseen. Kukaan ei kuitenkaan tee samaa Jumalalle, joka todellakin on kunnioituksen ja juhlistamisen arvoinen. Joten Jumala tahtoo rakentaa kauniin ja ihmeellisen Suuren Temppelin niiden Hänen lastensa kautta jotka ovat saaneet Pyhän Hengen ja tulleet pyhitetyiksi. Tämän avulla Hän tahtoo tulla asianmukaisesti juhlistetuksi kaikkien kansojen keskuudessa (1. Aikakirjat 22:6-16).

Kun tämä kaunis Suuri Temppeli on rakennettu niinkuin Jumala haluaa, kaikkien kansojen kaikki ihmiset ylistävät Jumalaa ja valmistavat itseään Herran morsiamina Hänen paluuta varten. Tämän tähden Jumala rakentaa Suuren Temppelin evankelioimisen keskukseksi. Hän haluaa johdattaa lukemattomia ihmisiä pelastuksen tielle ja johtaa heidät Uuteen Jerusalemiin aikojen lopussa. Jumala tulee palkitsemaan meidät tekojemme mukaan ja rakentamaan saman Suuren Temppelin Uuden Jerusalemin kaupunkiin jos me ymmärrämme Herran suunnitelman, rakennamme Suuren Temppelin ja ylistämme Jumalaa.

Joten kun taivaaseen astuneet ihmiset katsovat Suurta Temppeliä joka on valmistettu kullasta ja jalokivistä joita ei voida edes verrata tämän maailman materiaaleihin, he tulevat olemaan ikuisesti kiitollisia Jumalan rakkaudesta joka johdatti heidät kunnian ja siunausten tielle ihmisten kasvatuksen kautta.

Jalokivillä ja kullalla koristellut taivaalliset talot

Pyhän Hengen linnan ympärillä on useita taloja jotka on koristeltu useilla erilaisilla jalokivillä. Täältä löytyy myös useita taloja jotka ovat yhä keskeneräisiä. Me voimme nähdä kuinka useat enkelit ovat yhä työssä niiden ympärillä, asettaen kauniita jalokiviä sinne ja tänne tai raivaten tilaa uusille taloille. Tällä tavoin Jumala palkitsee jokaisen hänen omien tekojensa mukaan ja antaa hänelle oman talon asuttavakseen.

Jumala näytti minulle kerran kahden tämän kirkon uskollisen työntekijän talot. Toinen näistä henkilöistä on ollut kirkolle suuren voiman lähde rukoilemalla öin ja päivin Jumalan kuningaskunnan edestä, ja tämän naisen talo on rakennettu rukousten tuoksulla ja periksiantamattomuudella, ja se on koristeltu loistavilla jalokivillä aina sisäänkäynnistä eteenpäin.

Hänen suloisten piirteidensä huomioonottamiseksi erääseen puutarhan nurkkaan on sijoitettu pöytä jonka ympärillä hän voi nauttia teetä rakkaimpiensa kanssa. Ruohotasangolla on monenlaisia ja useanvärisiä eri kukkia. Tämä kuvaus koskee pelkästään kyseisen henkilön talon sisäänkäyntiä ja puutarhaa. Voitko sinä edes kuvitella kuinka paljon ihmeellisempi talon päärakennus sitten olisi?

Toinen Jumalan minulle näyttämistä taloista kuuluu työntekijälle joka on omistautunut tässä maailmassa kirjalliselle evankelioimiselle. Minä saatoin näin yhden päärakennuksen monista huoneista. Siellä on pöytä, tuoli, sekä kynttelikkö jotka ovat kaikki kullasta tehtyjä, ja huoneesta löytyy myös useita kirjoja. Tämä on annettu palkkiona ja muistutuksena siitä työstä jonka hän on tehnyt kirkastaakseen Jumalaa kirjallisen evankelioimisen kautta, ja koska Jumala tietää että hän pitää lukemisesta erittäin paljon.

Joten Jumala ei ainoastaan valmista meidän taivaallisia talojamme vaan Hän myös antaa meille esineitä jotka ovat niin kauniita ettemme voi edes kuvitella sitä. Hän tekee tämän palkitakseen meidät siitä hyvästä että me olemme antaneet pois ja hylänneet meidän maailmalliset ilomme tämän maan päällä jotta me voisimme omistautua kokonaan Jumalan kuningaskunnan saavuttamiseen.

Ikuisesti Herran, Meidän Sulhasemme, Kanssa

Uudessa Jerusalemissa pidetään jatkuvasti useanlaisia pitoja joita myös itse Isä Jumalakin järjestää. Tämä johtuu siitä että Uuden Jerusalemin asukkaat voivat kutsua luokseen muualla taivaassa asuvia veljiä ja sisaria.

Kuinka ihmeellistä ja onnellista olisikaan jos sinä voisit asua Uudessa Jerusalemissa ja Herra kutsuisi sinut jakamaan kanssaan rakkautta ja ottamaan osaa miellyttäviin pitoihin!

Lämmin toivotus tervetulleeksi Herran linnassa

Kun Herra kutsuu Uuden Jerusalemin asukkaita vieraikseen he koristelevat itsensä kuin kauniit morsiamet ja kokoontuvat iloisin sydämin Herran linnassa. Näiden Herran morsianten saapuessa kaksi kiiltävän portin molemminpuolin seisovaa enkeliä toivottavat heidät kohteliaasti tervetulleiksi. Tällöin useilla jalokivillä koristelluista seinistä sekä kukista peräisin oleva tuoksu ympäröi heidät lisäten heidän iloaan.

Pääportista sisäänastumisen jälkeen ihmiset kuulevat vaimeasti ylistyksen ääntä joka koskettaa heidän henkensä syvintä osaa. Sitten rauha, onnellisuus ja kiitollisuus Jumalan rakkaudesta täyttää heidän sydämensä heidän kuultua tämän äänen sillä he tietävät että Hän on johdattanut heidät tänne.

Heidän kävellessään kohti päärakennusta lasinkaltaisen, kultaisen tien päällä, he kulkevat useiden kauniiden rakennusten ja puutarhojen ohitse, ja enkelit saattavat heitä tällä matkalla.

Lähestyessään päärakennusta he näkevät että Herra itse odottaa heitä siellä vastaanottaakseen heidät. Kyyneleet sokaisevat heidät mutta siitä huolimatta he juoksevat Herran luokse toivoen vilpittömästi voivansa nähdä Hänet edes yhtä sekuntia aiemmin. Herra odottaa heitä Hänen käsivartensa avoimina, ja Hän halaa heistä jokaista kasvot rakkautta ja nöyryyttä täynnä.

Sitten Herra sanoo heille: "Tulkaa, minun kauniit morsiameni! Te olette hyvin tervetulleita!!" Hänen kutsuvieraansa tunnustavat rakkautensa Hänen sylissään, sanoen: "Minä olen sydämeni pohjasta kiitollinen siitä että sinä kutsuit minut!" Sitten he kävelevät Herra kanssa sinne ja tänne käsi kädessä kuin syvästi rakastunut pari, ja he käyvät keskenään mukavia keskusteluja joita he ovat halunneet käydä aina siitä saakka kun he olivat maan päällä. Päärakennuksen oikealla puolen on suuri järvi, ja Herra selittää yksityiskohtaisesti miltä Hänestä tuntui ja minkälaiset olosuhteet olivat Hänen ollessaan maan päällä.

Järven rannalla joka muistuttaa Galilean järveä

Miksi tämä järvi muistuttaa heitä Galilean järvestä? Jumala loi tämän järven muistutukseksi sen tähden että Herra aloitti uransa ja teki paljon Hänen teoistaan Galilean järven ympärillä (Matteus 4:23). Jesaja 9:1 sanoo: *"Mutta ei jää pimeään se, mikä nyt on vaivan alla. Entiseen aikaan hän saattoi halveksituksi Sebulonin maan ja Naftalin maan, mutta tulevaisuudessa hän saattaa kunniaan merentien, Jordanin tuonpuoleisen maan, pakanain alueen."* Profetian mukaan Herra aloittaisi tehtävänsä täyttämisen Galilean järveltä, ja niin myös tapahtui.

Tässä järvessä ui useita kaloja jotka loistavat eri väreissä. Johanneksen luvussa 21 ylösnoussut Herra ilmestyy Pietarille joka ei ollut onnistunut saamaan ollenkaan kaloja ja sanoo: *"Heittäkää verkko oikealle puolelle venhettä, niin saatte"* (jae. 6), ja kun Pietari totteli Häntä, hän sai 153 kalaa. Joten myös tämä muistuttaa Herran teoista. Kun nämä kalat hyppivät ilmaan ja tekevät hellyttäviä temppuja niiden värit vaihtelevat eri tavoin, ja tämäkin lisää kutsuvieraiden iloa ja mielihyvää.

Herra kävelee tämän järven päällä samalla tavalla kuin Hän käveli Galilean järven päällä tässä maailmassa. Sitten kutsutut seisovat iloisina järven ympärillä, odottaen Herran puhuvan. Hän selittää yksityiskohtaisesti kuinka Hän käveli Galilean järven päällä tässä maailmassa, ja kuinka sitten Pietari, joka pystyi kävelemään veden päällä vain hetken verran Herran Sanaa tottelemalla, katui sitä että hän upposi veteen vähäisen uskonsa tähden (Matteus 14:28-32).

Museo Herran tekojen muistolle

Käydessään eri paikoissa Herran kanssa ihmiset muistelevat niitä aikoja jolloin heitä kasvatettiin tämän maan päällä, ja he tuntevat kuinka ylitsevuotavaista taivaan valmistelleen Isän ja Herran rakkaus on. He saapuvat museoon joka sijaitsee Herran linnan vasemalla puolen. Isä Jumala rakensi sen itse Herran maanpäällisten tekojen muistoksi jotta ihmiset voisivat nähdä ja kokea ne todentuntuisesti. Esimerkiksi paikka jossa Pontius Pilatus tuomitsi Jeesuksen sekä Via Dolorosa jota pitkin Herra kantoi ristinsä Golgatalle ovat takennettu uudelleen samalla tavalla. Ihmisten nähdessä nämä paikat Herra selittää heille menneet tapahtumat yksityiskohtaisesti.

Jonkin aikaa sitten minä sain tietää Pyhän Hengen innoittamana mitä tuolloin Herra tunnusti, ja minä tahdon jakaa osan siitä teidän kanssanne. Se on sydämellinen tunnustus Herralta, joka tuli tähän maailmaan hylättyään kaiken taivaan kirkkauden. Hän tunnusti kävellessään kohti Golgataa ristin kanssa:

Isä! Minun Isäni!
Isäni, joka on valossa täydellinen,
Sinä todellakin rakastat kaikkea!
Maa jonka päälle astuin
ensimmäistä kertaa Sinun kanssasi,
ja ihmiset,
luomisestaan lähtien
ovat nyt hyvin saastuneita...

Nyt minä ymmärrän
miksi Sinä lähetit minut tänne,
miksi sinä annoit minun kokea nämä koettelemukset,
jotka ovat lähtöisin näiden ihmisten saastuneista sydämistä,
ja miksi sinä annoit minun tulla tänne
taivaan kirkkaudesta!
Nyt minä tunnen ja ymmärrän
kaikki nämä asiat
syvällä sydämessäni!

Mutta Isä!
Minä tiedän että sinä palautat kaiken ennalleen
Oikeudenmukaisuutesi ja kätkettyjen salaisuuksiesi mukaisesti.
Isä!
Kaikki nämä asiat ovat väliaikaisia.
Mutta sen kirkkauden tähden
jonka Sinä annat minulle,
ja valon teiden tähden
jotka sinä avaat näille ihmisille,
Isä,
minä otan tämän ristin toivolla ja ilolla.

Isä, minä saatan kulkea tätä tietä
Sillä minä uskon
että Sinä tulet avaamaan tämän tien ja valon
Sinun luvallasi ja Sinun rakkaudessas,
ja sinä tulet kirkastamaan Sinun Poikasi
kauniilla valoilla
kun kaikki tämä on ohitse
pienen hetken kuluttua.

Isä!
Maa jonka päällä minä ennen kävelin oli kultainen
tiet jonka päällä kävelin olivat myös kultaisia,
niiden kukkien tuoksuja jotka minä ennen tunsin
ei voida verrata
tämän maan tuoksuihin,
niiden vaatteiden materiaalit

joita minä ennen pidin ylläni
ovat niin erilaisia näihin verrattuna,
ja paikka jossa minä ennen asuin
on erittäin ihmeellinen paikka.
Ja minä tahtoisin näiden ihmisten
tuntevan tämän kauniin ja rauhallisen paikan.

Isä,
Minä ymmärrän koko suunnitelmasi.
Miksi sinä annoit minun syntyä,
miksi sinä annoit tämän taakan minulle,
ja miksi sinä annoit minun tulla tänne alas
astua saastuneeseen maailmaan,
ja lukea saastuneiden ihmisten ajatukset.
Minä ylistän Sinua Isä
rakkautesi ja mahtavuutesi
ja kaikkien muiden virheettömien asioiden tähden.

Rakas Isäni!
Ihmiset kuvittelevat että minä en puolusta itseäni,
että minä väitän olevani juutalaisten kuningas.
Mutta Isä,
kuinka he voivat ymmärtää ne muistot,
jotka virtaavat sydämestäni,
rakkauden Isääni kohtaa joka virtaa sydämestäni,
rakkauden näitä ihmisiä kohtaan
joka virtaa sydämestäni?

Isä,
monet ihmiset tulevat tajuamaan ja ymmärtämään
että tapahtumat tulevat tapahtumaan myöhemmin
Pyhän Hengen kautta
jonka sinä annat heille lahjana
sen jälkeen kun minä olen poissa.
Tämän väliaikaisen kivun tähden,
Isä, älä vuodata kyyneleitä
äläkä käännä kasvojasi pois minusta.
Älä anna sydämesi täyttyä kivulla,
Isä!

Isä, minä rakastan Sinua!
Kunnes minut ristiinnaulitaan,
ja vereni vuodatetaan ja minä päästän viimeisen henkäykseni,
Isä, minä ajattelen kaikkia asioita
ja näiden ihmisten sydämiä.

Isä, älä ole pahoillasi
vaan ole kirkastettu Poikasi kautta,
ja suunnitelma ja kaikki Isän aikeet
tulevat täyttymään aina ja ikuisesti.

Jeesus selittää mitä hänellä oli mielessään Hänen ollessaan ristillä: taivaan kunnia; Hän itse seisomassa Isän edessä; ihmiset; syy siihen että Isän täytyi antaa Hänelle tämä velvollisuus, ja niin edelleen.

Linnaan kutsutut kyynelehtivät kuunnellessaan tätä ja he

kiittävät Herraa kyynelsilmin siitä että Hän otti ristin osakseen heidän puolestaan, ja he tunnustavat sydäntensä pohjasta: "Herrani, totisesti Sinä olet minun Pelastajani!"

Herran kärsimysten muistoksi Jumala on valmistanut Herran linnaan useita jalokivistä valmistettuja teitä. Kun henkilö kävelee tiellä joka on valmistettu ja koristeltu useilla jalokivillä sen loisto kirkastuu ja henkilöstä tuntuu kuin hän kävelisi veden päällä. Sen muistoksi että Herra naulittiin ristille puhdistaakseen ihmiskunnan sen synneistä Isä Jumala valmisti puisen, verentahriman ristin. Siellä on myös Beetlehemin talli jossa Herra syntyi, sekä monia muita asioista joita ihmiset voivat nähdä ja kokea voidakseen kokea Herran teot todenomaisesti. Ihmisten vierraillessa näiden nähtävyyksien luona he voivat nähdä ja kuulla Herran töistä elävästi, niin että he voivat tuntea Herran ja Isän suuren rakkauden yhä syvemmin ja siten kiittää ja ylistää heitä ikuisesti.

Uuden Jerusalemin Asukkaiden Kirkkaus

Uusi Jerusalem on kaikista taivaan paikoista kaunein ja se annetaan palkkiona niille jotka ovat saavuttaneet pyhittymisen sydämissään ja olleet uskollisia koko Jumalan talossa. Ilmestyskirja 21:24-26 kertoo meille minkälaiset ihmiset saavat osakseen Uuteen Jerusalemiin astumisen kunnian:

Ja kansat tulevat vaeltamaan sen valkeudessa, ja maan kuninkaat vievät sinne kunniansa. Eikä sen portteja

suljeta päivällä, ja yötä ei siellä ole, ja sinne viedään
kansojen kunnia ja kalleudet.

Kansat vaeltavat sen valkeudessa

Tässä "kansoilla" viitataan kaikkiin pelastuneisiin ihmisiin
riippumatta siitä mikä heidän etninen taustansa on. Vaikka
ihmisten kansalaisuus, rotu ja muut piirteet vaihtelevatkin
yksilöstä toiseen, heistä kaikista tulee Jumalan lapsia ja taivaan
kansalaisia heidän tultua pelastetuksi Jeesuksen Kristuksen
kautta.

Joten sanonta "kansat tulevat vaeltamaan sen valkeudessa"
tarkoittaa sitä, että kaikki Jumalan lapset tulevat vaeltamaan
Jumalan kunnian kirkkauden valossa. Kaikilla Jumalan lapsilla
ei ole kuitenkaan kunnia astua vapaasti Uuden Jerusalemin
kaupunkiin. Tämä tarkoittaa sitä että Paratiisissa, Ensimmäisessä,
Toisessa sekä Kolmannessa Kuningaskunnassa asuvat henkilöt
saavat astua Uuteen Jerusalemiin ainoastaan kutsuttuina. Vain ne
jotka ovat täysin pyhittyneitä ja jotka ovat olleet uskollisia koko
Jumalan talossa voivat saada kunnian katsoa ikuisesti Isä Jumalaa
kasvoista kasvoihin Uudessa Jerusalemissa.

Maan kuninkaat vievät kunniansa

Termi "maan kuninkaat" viittaa niihin jotka olivat tämän
maan päällä ollessaan hengellisiä johtajia. He loistavat kuin
Uuden Jerusalemin muurien kahdentoista perustuksen
kaksitoista jalokivilaatua, ja he saavat asua ikuisesti tässä

kaupungissa. Myös ne henkilöt jotka Jumala tunnistaa heidän seistessään Hänen edessään tuovat mukanaan uhreja jotka he ovat valmistaneet koko sydämellään. "Uhrilla" minä tarkoitan kaikkea minkä avulla he kirkastivat Jumalaa koko kristallinkirkkaan ja puhtaan sydämensä pohjasta.

Joten "maan kuninkaat vievät sinne kunniansa" tarkoittaa sitä että valmistavat uhriksi kaiken sen minkä he ovat tehneet Jumalan kuningaskunnan hyväksi ja Jumalan kirkastamiseksi, ja tämän uhrin kanssa he astuvat Uuteen Jerusalemiin.

Tämän maailman kuninkaat antavat lahjoja heitä suurempien ja vahvempien valtioiden kuninkaille imartelumielessä, mutta Jumalalle annettavat uhrit annetaan kiitollisin mielin siitä että Hän on johdattanut heidät pelastuksen tielle ja ikuiseen elämään. Jumala ottaa nämä uhrit vastaan mielellään, ja Hän palkitsee heidät kunnialla asua ikuisesti Uudessa Jerusalemissa.

Uudessa Jerusalemissa ei ole pimeyttä sillä Jumala, joka on itse valo, asuu siellä. Uuden Jerusalemin porttien sulkemiseen ei ole mitään tarvetta, sillä siellä ei ole yötä, pahuutta, kuolemaa tai varkaita. Raamattu kuitenkin puhuu "päivästä", sillä meillä on vain rajoittunut tietämys ja ymmärrys taivaan ymmärtämisen suhteen.

Kansojen kunnian ja kalleuden vieminen

Mitä sitten tarkoittaa sanonta "sinne viedään kansojen kunnia ja kalleudet?" Tämä viittaa kaikkien kansojen kaikkiin ihmisiin jotka ovat saaneet vastaanottaa pelastuksen, ja "kansojen kunnia ja kalleudet" tarkoittaa sitä että nämä ihmiset tulevat Uuteen

Jerusalemiin niiden asioiden kera joilla he kirkastivat Jumalaa tuoksuessaan Jeesukselta Kristukselta tässä maassa ollessaan.

Lapsi kehuskelee vanhemmilleen jos hän opiskelee ahkerasti ja hänen arvosanansa kohoavat tämän johdosta. Vanhemmat iloitsevat hänen kanssaan sillä he ovat ylpeitä lapsensa kovasta työstä vaikkei hän ehkä olisikaan saanut parhaita arvosanoja. Samalla tavoin, mitä enemmän me toimimme uskossa Jumalan kuningaskunnan eteen tässä maailmassa, sitä enemmän me tuoksumme Jeesukselta Kristukselta ja kirkastamme Jumalaa, ja Hän ottaa tämän vastaan suurella ilolla.

Kohta sanoo että "maan kuninkaat vievät sinne kunniansa", ja syy siihen että kohta mainitsee ensin "maan kuninkaat" on, että tällä halutaan näyttää se hengellinen järjestys tai arvo jonka mukaan ihmiset saapuvat Jumalan eteen.

Ensin Jumalan eteen astuvat ne jotka saavat asua Uudessa Jerusalemissa ikuisesti auringon kaltaisessa kirkkaudessa, ja heidän kirkkautensa mukaisesti kaikki ne jotka ovat pelastuneet kansakuntien joukosta. Meidän tulee ymmärtää että me voimme vierailla Uudessa Jerusalemissa ainoastaan väliaikaisesti jos me täytä emme niitä pääsyvaatimuksia jotka sallisivat meidän asua siellä ikuisesti.

Ihmiset jotka eivät voi koskaan astua Uuteen Jerusalemiin

Rakkauden Jumala tahtoo kaikkien tulla pelastetuksi ja Hän tahtoo palkita jokaisen tekojensa mukaisella asuinsijalla ja taivaallisilla palkkioilla. Tämän tähden ne jotka eivät täytä

Uuteen Jerusalemiin astumiseen vaadittavia edellytyksiä voivat astua Kolmanteen, Toiseen tai Ensimmäiseen Kuningaskuntaan tai Paratiisiin heidän uskonsa mukaisesti. Jumala järjestää erityisiä pitoja ja Hän kutsuu nämä ihmiset Uuteen Jerusalemiin jotta hekin voisivat nauttia kaupungin ihmeellisyydestä.

On kuitenkin ihmisiä jotka eivät voi koskaan astua Uuteen Jerusalemiin vaikka Jumala haluaakin olla heille armollinen. Lähinnä ne ihmiset jotka eivät koskaan ottaneet pelastusta vastaan eivät voi koskaan nähdä Uuden Jerusalemin kirkkautta.

Eikä sinne ole pääsevä mitään epäpyhää eikä ketään kauhistusten tekijää eikä valhettelijaa, vaan ainoastaan ne, jotka ovat kirjoitetut Karitsan elämänkirjaan (Ilmestyskirja 21:27).

"Epäpyhällä" viitataan tässä muiden tuomitsemiseen ja arvioimiseen, sekä valittamista omien etujen ja intressien edistämiseksi. Tämänkaltainen henkilö omaksuu tuomarin roolin ja tuomitsee muita tahtonsa mukaan sen sijaan että yrittäisi ymmärtää heitä. "Kauhistuksilla" viitataan tässä kaikkiin kaksimielisiin tekoihin jotka ovat lähtöisin pahasta sydämestä. Koska tällaiset ihmiset omaavat oikukkaan ja arvaamattoman sydämen, he kiittävät ainoastaan silloin kun he ovat saaneet vastauksen rukouksiinsa, mutta heti kun he kohtaavat vaikeuksia he valittavat ja surevat. Samalla tavalla häpeällisen sydämen omaavat henkilöt pettävät omaatuntoaan, eivätkä he epäröi muuttaa mieltään edistääkseen omia etujaan.

"Valhetteleva" henkilö on sellainen joka pettää sekä itseään että omaatuntoaan. Meidän tulee ymmärtää että tällainen petos muuttuu Saatanan ansaksi. On olemassa valehtelijoita joille valehtelu on tapa, sekä sellaisia henkilöitä jotka valehtelevat joskus muiden hyväksi. Jumala kuitenkin tahtoo meidän heittävän pois jopa tällaiset valheet. Jotkut ihmiset vahingoittavat toisia antamalla vääriä todistuksia, ja tämänkaltaiset ihmiset jotka pettävät muita pahoin aikein eivät tule pelastetuksi ilman katumusta. Myös sellaisten ihmisten katsotaan "valehtelevan", jotka pettävät Pyhää Henkeä tai pettävät Jumalan työssä. Juudas Iskariot, yksi Jeesuksen kahdestatoista opetuslapsesta, oli vastuussa yhteisestä rahapussista. Hän kuitenkin jatkuvasti petti Jumalan työssä varastamalla tästä rahastosta ja tekemällä muita syntejä. Kun Saatana lopulta meni hänen sisäänsä, hän kavalsi Jeesuksen kolmestakymmenestä hopeapalasta ja tuli siten ikuisesti tuomituksi.

Jotkut ihmiset näkevät kuinka sairaat ihmiset parantuvat ja kuinka Pyhä Henki ajaa ulos riivaajia Jumalan voimalla, mutta he silti kieltävät nämä teot ja puhuvat sen sijaan Pyhää Henkeä vastaan. Meidän ei tulisi koskaa valehdella missän olosuhteissa Jumalan silmien edessä.

Nimien pyyhkiminen Elämän kirjasta

Pelastuessamme uskon kautta meidän nimemme kirjataan Karitsan Elämän kirjaan (Ilmestyskirja 3:5). Tämä ei kuitenkaan tarkoita sitä että kaikki jotka ovat ottaneet Jeesuksen Kristuksen vastaan tulevat pelastumaan. Me voimme tulla pelastetuksi ainoastaan silloin kun me toimimme Jumala Sanan mukaan ja olemme Herran sydämen kaltaisia ympärileikkaamalla sydämemme. Jos me jatkamme epätotuudessa elämistä vielä senkin jälkeen kun me olemme hyväksyneet Jeesuksen Kristuksen, meidän nimemme pyyhitään Elämän kirjasta emmekä me saa osaksemme pelastusta lopussa.

Ilmestyskirja 22:14-15 kertoo meille tästä, että ne jotka pesevät vaatteensa tulevat olemaan siunattuja, ja että ne jotka eivät pese vaatteitansa eivät tule pelastetuiksi:

> *Autuaat ne, jotka pesevät vaatteensa, että heillä olisi valta syödä elämän puusta ja he pääsisivät porteista sisälle kaupunkiin! Ulkopuolella ovat koirat ja velhot ja huorintekijät ja murhaajat ja epäjumalanpalvelijat ja kaikki, jotka valhetta rakastavat ja tekevät.*

Tässä "koirat" viittaavat niihin jotka toimivat epätotuudessa uudelleen ja uudelleen. Sellaiset ihmiset jotka eivät käänny pois pahoista teoistaan vaan jatkavat pahuudessa elämistä eivät voi koskaan tulla pelastetuiksi ilman katumista. He toimivat kuin koira joka palaa oksennukselleen tai kuin emakko joka palaa mutalammikkoon heti sen jälkeen kun se on suihkutettu puhtaaksi. Tämä johtuu siitä että he näyttävät heittäneen pois syntinsä mutta silti toistavat pahoja tekojansa, ja he näyttävät tulleen paremmaksi mutta silti palanneet pahaan.

Jumala kuitenkin tunnustaa niiden uskon jotka yrittävät elää hyvin vaikka he eivät vielä aina pystyisikään elämään täysin Jumalan sanan mukaan. He tulevat lopulta pleastetuiksi sillä heidän muuttumisensa on yhä kesken ja Jumala laskee heidän yrityksensä uskoksi.

"Velhot" viittaavat niihin jotka "tekevät taikoja". Heidän tekonsa on kauhistus, ja he saavat muut palvomaan vääriä jumalia. Tämä on suuri kauhistus Jumalalle.

"Huorintekijät" tekevät haureutta vaikka heillä olisikin aviopuoliso. Tässä ei ole kyse pelkästään fyysisestä haureudesta vaan myös hengellisestä haureudesta. Hengellinen haureus on sitä että henkilö rakastaa jotakin enemmän kuin Jumalaa. Henkilö, joka kokee elävästi elävän Jumalan olemassaolon ja ymmärtää Hänen rakkautensa ja silti kääntyy rakastamaan sellaisia maallisia asioita kuten esimerkiksi rahaa tai perhettä enemmän kuin mitä hän rakastaa Jumalaa, tekee hengellistä haureutta, eikä hän ole hyvä Jumalan edessä.

"Murhaajat" tekevät fyysisiä tai hengellisiä murhia. Sinä tuskin voisit väittää ettet sinä ole koskaan murhannut ketään jos sinä olet tietoinen "murhan" hengellisestä merkityksestä. Hengellinen murha tarkoittaa Jumalan lapsen johdattamista syntiin ja toisen hengellisen elämän menettämisen aiheuttamista (Matteus 18:7). Tuskan tuottaminen toisille on myös hengellistä murhaamista jos se tehdään toimimalla totuuden vastaisesti (Matteus 5:21-22).

Myös viha, kateus, mustasukkaisuus, tuomitseminen, riiteleminen, vihastuminen, huijaaminen, valehtelu, eripuraisuus ja nurkkakuntaisuus, mustamaalaus, ja rakkaudettomuus, ja armottomuus ovat hengellistä murhaamista (Galatalaiskirje 5:19-21). Joskus myös käy niin että ihmiset lankeavat oman pahuutensa tähden. Jos sinä esimerkiksi jätät Jumalan koska sinä olet pettynyt johonkin kirkon jäseneen tämä johtuu sinussa

olevasta pahuudesta. Jos sinä olisit todella uskonut Jumalaan sinä
et olisi koskaan langennut alunperinkään.

Myös "epäjumalainpalvelijat" ovat jotakin mitä Jumala vihaa.
Väärien jumalien palvominen voi olla fyysistä tai hengellistä.
Fyysinen väärien jumalien palvominen on sitä, että sinä valmistat
jumalankuvan ja palvot sitä (Jesaja 46:6-7). Hengellinen
väärien jumalien palvominen on sitä, että sinä rakastat jotakin
muuta enemmän kuin Jumalaa. Puolisonsa tai lastensa omien
halujensa täyttämiseksi rakastaminen enemmän kuin Jumalan
rakastaminen, tai Jumalan käskyjen rikkominen rahanahneuden
tai maineen ja tietouden lisäämiseksi on hengellisesti väärien
jumalien palvontaa.

Tämänkaltaiset ihmiset eivät voi tulla pelastetuksi eivätkä
he voi astua taivaaseen siitä huolimatta kuinka usein he käyvät
kirkossa tai kuinka paljon he kutsuvat "Herra, Herra", sillä he
eivät rakasta Jumalaa.

Joten sinun tulee muistaa, että jos sinä otat vastaan Jeesuksen
Kristuksen ja sinun nimesi kirjataan Karitsan Elämän kirjaan,
sinä voit astua taivaaseen ja edetä Uuteen Jerusalemiin vain jos
sinä toimit Jumalan Sanan mukaisesti.

Uusi Jerusalem on paikka johon voivat astua vain sellaiset
henkilöt jotka ovat täysin pyhittyneitä sydämissään ja jotka ovat
olleet uskollisia koko Jumalan talossa.

Uuteen Jerusalemiin astuvat voivat tavata Jumalan kasvoista
kasvoihin, keskustella Herran kanssa ja nauttia uskomattomasta
kunniasta ja kirkkaudesta. Paratiisissa tai Ensimmäisessä, Toisessa
tai Kolmannessa Kuningaskunnassa asuvat henkilöt voivat

vierailla Uudessa Jerusalemissa ainoastaan silloin kun heidät kutsutaan pitoihin joita esimerkiksi Isä Jumala järjestää.

Minä rukoilen Herra Jeesuksen Kristuksen nimessä, että sinusta tulisi uskollinen Jumalan lapsi, taistellen hyvän taistelun syntiä ja pahaa vastaan aina oman veren vuodatukseen saakka, saavuttaen sydämen pyhittymisen ja ollen uskollinen koko Jumalan talossa niin, että sinä voit asua ikuisesti Uudessa Jerusalemissa.

Luku 8

"Minä Näin Pyhän Kaupungin, Uuden Jerusalemin"

Autuaita olette te, kun ihmiset minun tähteni teitä solvaavat ja vainoavat ja valhetellen puhuvat teistä kaikkinaista pahaa. Iloitkaa ja riemuitkaa, sillä teidän palkkanne on suuri taivaissa. Sillä samoin he vainosivat profeettoja, jotka olivat ennen teitä.

- Matteus 5:11-12

Taivaallisia taloja rakennetaan Uuteen Jerusalemiin niin että ihmiset, joiden sydämet ovat täysin Jumalan sydämen kaltaisia, voivat asua niissä myöhemmin. Niitä rakennetaan niiden omistajien makujen mukaisesti rakennustöitä johtavien enkeleiden ja arkkienkeleiden toimesta, Herran toimiessa kaiken valvojana. Tämä on etuoikeus josta vain Uuteen Jerusalemiin astuvat henkilöt voivat nauttia. Joskus itse Jumala määrää arkkienkeliä rakentamaan talon jotakuta tiettyä henkilöä varten, niin että talo valmistuu täsmälleen sen omistajan maun mukaisesti. Hän ei unohda edes yhtä ainoaa kyynelpisaraa jonka Hänen lapsensa on vuodattanut Hänen kuningaskuntansa edestä, ja Hän palkitsee lapsensa kauniilla ja arvokkailla kivillä.

Matteus 11:12 osoittaa meille selvästi kuinka Jumala kertoo meille, että sitä kauniimman paikan me saamme osaksemme taivaassa mitä enemmän hengellisiä taisteluja me voitamme ja mitä enemmän meidän uskomme kypsyy:

Mutta Johannes Kastajan päivistä tähän asti hyökätään taivasten valtakuntaa vastaan, ja hyökkääjät tempaavat sen itselleen.

Useiden vuosien ajan rakkauden Jumala on johtanut meidän hyökkästämme kohti taivasten valtakuntaa, näyttäen selvästi Uuden Jerusalemin taivaalliset talot. Tämä johtuu siitä että paluun aika lähestyy Herralle joka meni aikaisemmin valmistamaan meille asuisijoja.

Minä toivon että katsoessasi taivaallisia taloja joissa näkyy itse Jumalan kosketus sinä ymmärtäisit sitä rakkautta joka kuuluu Jumalalle joka palkitsee sinut tarkasti ansioidesi mukaan.

Uskomattoman Kokoiset Taivaalliset Talot

Uudessa Jerusalemissa on useita uskomattoman kokoisia, kauniita taloja. Näiden joukossa on eräs suurelle tontille rakennettu kaunis ja loistava talo. Alueen keskelle on rakennettu pyöreänmuotoinen, loistava ja kaunis kolmikerroksinen linna, ja tämän linnan ympärillä on useita rakennuksia ja asioita joista ihmiset voivat nauttia, sekä huvipuistolaitteiden kaltaisia laitteita, Kaikki tämä saa tämän paikan näyttämään maailmankuululta turistinähtävyydeltä. Mikä ihmeellisintä, tämä kaupunginomainen taivaallinen talo kuuluu tässä maailmassa syntyneelle ihmiselle!

Autuaita ovat nöyrät sillä he perivät maan

Jos meidän taloudellinen tilanteemme on tarpeeksi hyvä, me voimme ostaa itsellemme suuren maa-alueen ja rakentaa sille minkälaisen talon tahansa. Taivaassa me emme voi kuitenkaan ostaa maata tai rakentaa taloa, olimme me sitten kuinka rikkaita tahansa, sillä Jumala palkitsee meidät maalla ja talolla ansioidemme mukaisesti.

Matteus 5:5 sanoo: *"Autuaita ovat hiljaiset, sillä he saavat maan periä."* Me voimme "periä maan" siitä riippuen kuinka paljon me muistutamme Herraa ja kuinka paljon nöyryyttä me olemme saavuttaneet maan päällä. Tämä johtuu siitä että hengellisesti nöyrä voi hyväksyä kaikki ihmiset ja nämä ihmiset voivat tulla tämän henkilön luokse ja löytää rauhaa ja lepoa. Tällainen henkilö tulee toimeen kaikkien kanssa sillä hänen sydämensä on lempeä ja pumpulinpehmeä.

Se, että me teemme maailman kanssa kompromisseja ja käymme totuutta vastaan voidaksemme olla ihmisten kanssa rauhassa ei ole hengellistä nöyryyttä. Aidosti nöyrä ei vain hyväksy ihmisiä lempeällä ja pehmeällä sydämellä, vaan hän on myös tarpeeksi rohkea ja vahva asettaakseen jopa oman henkensä alttiiksi totuuden edestä.

Tämänkaltainen henkilö voittaa usean henkilön sydämen ja hän johdattaa heidät pelastuksen tielle ja parempaan paikkaan taivaassa rakkaudella ja lempeydellä. Tämän tähden hän saa taivaassa omakseen suuren talon. Joten alla kuvailtu talo kuuluu tällaiselle aidosti nöyrälle henkilölle.

Kaupunginomainen talo

Tämän talon keskellä seisoo kullalla ja useilla jalokivillä koristeltu suuri linna. Linnan katto on tehty pyöreänmuotoisesta sardionista ja se säihkyy kirkkaasti. Loistavan, kirkkaan linnan ympärillä virtaa Jumalan valtaistuimesta lähtöisin oleva Elämän Veden Virta, ja rakennusten suuri lukumäärä saa paikan näyttämään suurkaupungilta. Siellä on myös kullalla ja jalokivillä koristeltuja huvipuistolaitteita.

Toisella puolella avaraa tilaa on metsiä, tasanko sekä suuri järvi, ja sen toisella puolella sijaitsee suuria kukkuloita jotka ovat täynnä useanlaisia kukkia ja vesiputouksia. Siellä on myös meri jossa suuret Titanicin kaltaiset risteilyalukset risteilevät.

Tarkistelkaamme seuraavaksi tätä loistavaa taloa. Sen neljällä sivulla sijaitsee yhteensä kaksitoista porttia. Astukaamme sisään pääportista jonka luota me voimme nähdä keskellä sijaitsevan linnan.

Pääportti on koristeltu useilla jalokivillä, ja sitä vartioi kaksi enkeliä. Nämä enkelit ovat hyvin miehekkäitä ja voimakkaan oloisia. He seisovat silmiään räpäyttämättä, ja heidän arvokkuus saa heidät vaikuttamaan hyvin luoksepääsemättömiltä.

Molemminpuolin porttia on pyöreitä ja suuria, kauniita pilareita. Usein jalokivin ja kukin koristellut seinät vaikuttavat siltä kuin ne jatkuisivat loputtomiin. Astuessasi automaattisesti aukeavasta portista sisään enkeleiden saattamana sinä näet kaukaisuudessa suuren linnan jonka punaisesta katosta kauniit valot loistavat sinua kohti.

Katsoessasi näitä lukuisia jalokivin koristeltuja erikokoisia taloja sinä et voi olla liikuttumatta Jumalan rakkaudesta joka palkitsee sinut 30-, 60-, tai jopa 100-kertaisesti siihen verrattuna mitä sinä olet tehnyt ja uhrannut. Sinä olet kiitollinen siitä että Hän on antanut ainoan poikansa johdattaakseen sinut pelastukseen ja ikuiseen elämään. Tämän lisäksi Hän on myös valmistanut sinua varten kauniita taivaallisia taloja, ja sinun sydämesi on täynnä kiitollisuutta ja iloa.

Kuvaamaton rauha ja onnellisuus täyttää sinun henkesi ja sinä olet hyvin tunteellinen, sillä rauhallinen, kaunis ja kirkas ylistys soi koko linnan ympärillä:

Tänään, syvällä henkeni syvyyksissä
Soi sävel psalmeja suloisempi;
Taivaallisen sävyisesti se lankeaa lakkaamatta
Sieluni ylle kuin loppumaton rauha
Rauha! Rauha! Ihmeellinen rauha
Laskeutuu Isältä taivaassa!
Lankea henkeni ylle ikuisesti, rukoilen,
Rakkauden mittaamattomin hyökyaalloin.

Kultaiset lasinkaltaiset tiet

Astukaamme seuraavaksi kultaista tietä pitkin aina keskellä sijaitsevaan suureen linnaan saakka. Molemmin puolin tietä seisoo kullasta ja jalokivistä tehtyjä puita, jotka toivottavat maukkaine hedelmineen vierailijat tervetulleiksi heidän astuessaan pääportista sisään. Astuttuaan sisään vierailijat poimivat itselleen hedelmän. Nämä hedelmät sulavat suussa ja ovat niin maukkaita että ne virkistävät ja ilostuttavat koko kehon.

Useanväriset ja -kokoiset kukat toivottavat tulijat tervetulleiksi tuoksullaan molemmin puolin kultaista tietä. Niiden takana on kultaista maata ja useanlaisia puita jotka täydentävät kaunista puutarhaa. Kauniiden sateenkaarien väriset kukat vaikuttavat siltä kuin ne tuottaisivat valoa ja jokainen niistä levittää omaa ainutlaatuista tuoksuaan. Joidenkin näiden kukkien päällä istuu erilaisia hyönteisiä jotka keskustelevat keskenään, ja sateenkaarenvärinen perhonen on näistä yksi esimerkki. Puiden säihkyvien oksien ja lehtien joukossa roikkuu useita maukkaannäköisiä hedelmiä. Usenlaiset kullanväriset linnut istuvat puissa ja laulavat luodakseen rauhallisen ja onnellisen ilmapiirin. Täällä on myös eläimiä jotka liikkuvat ympäriinsä rauhanomaisesti.

Pilviauto ja kultainen vaunu

Nyt sinä seisot toisen portin edessä. Tämä talo on niin suuri että sen pääportin sisällä on toinen portti. Silmiesi edessä avautuu alue joka muistuttaa autotallia johon on pysäköity useita pilviautoja sekä kultainen vaunu, ja sinä olet ihmeissäsi edessäsi olevan näyn vuoksi.

Suurilla timanteilla ja jalokivillä koisteltu kultainen vaunu on yhdenistuttava, ja se kuuluu tämän talon omistajalle.

Siinä olevien lukuisten jalokivien tähden tämä vaunu loistaa liikkuessaan tähdenlennon tavoin. Myös sen nopeus on paljon suurempi pilviautoihin verrattuna.

Pilviauton ympärillä on puhtaanvalkoisia pilviä ja monenvärisiä valoja, ja siinä on neljä pyörää ja siivet. Maassa ollessaan tämä ajoneuvo käyttää pyöriään, mutta lentäessään sen pyörät vetäytyvät automaattisesti sisään ja sen siivet tulevat esiin. Niin se voi sekä ajaa että lentää vapaasti.

Kuinka suuri kunnia ja valta se olisikaan, jos sinä voisit matkustaa Herran kanssa useisiin taivaan paikkoihin pilviautossa taivaallisten isäntien ja enkeleiden saattamina? Jokainen Uuteen Jerusalemiin pääsevä henkilö palkitaan pilviautolla, joten sinä voit kuvitella kuinka suuresti tämän talon omistajaa on palkittu sillä hänellä on lukuisia pilviautoja autotallissaan.

Keskellä sijaitseva suuri linna

Saapuessasi suuren ja kauniin linnan luokse pilviautossa sinä näet edessäsi kolmikerroksisen rakennuksen jossa on sardionista tehty katto. Tämä rakennus on niin suuri ettei sitä voida verrata mihinkään tämän maailman rakennukseen. Koko rakennus näyttää pyörivän hitaasti ympäri, ja siitä loistavat säihkyvät värit saavat sen näyttämään elävältä. Puhdas kulta ja jaspis loistavat sinertävän väristä, kirkasta ja läpikuultavaa valoa. Sinä et kuitenkaan voi nähdä rakennuksen läpi, ja se onkin kuin liitokseton veistos. Näitä muuria ympäröivät muurit ja kukat levittävät tuoksuaan lisätäkseen sanoinkuvaamatonta onnea ja iloa. Erikokoiset kukat muodostavat kauniin maiseman, ja niiden eri muodot ja tuoksut muodostavat loistavan kokonaisuuden.

Mikä on sitten syy siihen että Jumala on antanut niin suuren maa-alan ja niin suuren ja kauniin talon? Tämä johtuu siitä Jumala ei koskaan unohda tai jätä huomioimatta mitään mitä Hänen lapsensa on tehnyt Hänen kuningaskuntansa tai vanhurskautensa eteen tässä maailmassa, ja Hän palkitsee nämä teot ruhtinaallisesti.

Minä iloitsen uudelleen ja uudelleen
rakkaimpani tähden.
Hän rakasti minua niin paljon
että hän antoi kaikkensa.
Hän rakasti minua enemmän
kuin vanhempiaan ja veljiään,
hän ei säästänyt lapsiaan,
ja piti elämäänsä arvottomana
ja antoi sen Minulle.

Hänen silmänsä olivat aina käännettyinä Minuun.
Hän kuunteli Minun Sanaani sen kokonaisuudessaan.
Hän etsi vain Minun kunniaani.
Hän oli aina kiitollinen
jopa silloin kun hän kärsi ilman omaa syytään.
Jopa vainojen keskellä,
hän rukoili rakastaen
häntä vainoavien puolesta.
Hän ei koskaan unohtanut ketään
vaikka tämä olisikin pettänyt hänet.

Ja hän pelasti useita sieluja
ja täytti kokonaan minun tahtoni,
kantaen sydämeni satoa.

Koska hän täytti Minun tahtoni
ja rakasti Minua niin paljon,
minä olen valmistanut
tämän suuren ja ihmeellisen talon
Uudessa Jerusalemissa.

Ihmeellinen Linna Joka Takaa Täydellisen Yksityisyyden

Kuten näet, Jumalan kosketus näkyy varsinkin sellaisissa taloissa jotka kuuluvat Häntä erityisen paljon miellyttäneille ihmisille. Joten näiden talojen kauneus ja kirkkauden valo eroavat muiden Uuden Jerusalemin talojen vastaavista.

Keskellä sijaitseva suuri linna on paikka jossa omistaja voi nauttia täydellisestä yksityisyydestä. Tämä on korvaus kaikista hänen töistään ja niistä kyynelten säestämistä rukouksista jotka hän rukoili Jumalan kuningaskunnan puolesta, sekä siitä että hän huolehti sieluista päivin ja öin ilman mahdollisuutta omaan yksityiselämään.

Astukaamme nyt tämän suuren linnan sisälle!

Seinien erikoiset kirjoitukset ja kuviot

Puhtaasta kullasta ja jaspiksesta tehdyt muurit ovat täynnä heijastavia kirjoituksia ja piirrustuksia sisältäviä kuvioita. Näihin on kirjattu kaikki vainot ja loukkaukset jotka hän kärsi Jumalan kuningaskunnan tähden, sekä kaikki teot joilla hän kirkasti Jumalaa. Mikä ihmeellisempää, Jumala itse on kirjoittanut nämä runot, ja näiden sanojen kirjaimet loistavat kaunein ja loistavin valoin. Linnassa on kaksitoista porttia jotta ihmiset voivat käydä sen sisälle kaikista neljästä ilmansuunnasta, ja jokaiseen porttiin on kätketty salaisuus. Näissä on uskon, rakkauden, evankelioimisen ynnä muiden vastaavien avaimia, ja jokaiseen lukkoon käy eri avain.

Astuessasi sisään yhdestä näistä porteista sinä näet linnan sisällä esineitä jotka ovat paljon kauniimpia kuin esineet mitä sinä olet nähnyt muurien ulkopuolella. Jalokivien säihkeet peittävät alleen kahden tai kolmen muun jalokiven säihkeen, ja tämä saa kaiken näyttämään upealta.

Muurien sisäpuolelle on kaiverrettu myös kirjoituksia jotka kertovat omistajan kyynelistä, teoista, ja vaivannäöstä tämän maan päällä, ja ihmeellinen valo loistaa näistä kirjoituksista. Ajat, jolloin hän rukoili vilpittömästi koko yön yli Jumalan kuningaskunnan edestä sekä tuoksu, joka on lähtöisin siitä että hän antoi itsensä juomauhriksi sielujen puolesta, on kirjattu ylös runomuodossa, ja myös nämä runot loistavat ihmeellisesti.

Silti Isä Jumala on kätkenyt suurimman osan näiden kaiverrusten yksityiskohdista niin että Hän voi itse paljastaa ne talon omistajalle tämän saapuessa. Tällä tavoin Jumala voi ottaa

vastaan hänen sydämensä joka kirkastaa Isää syvin tuntein ja
kyynelin Hänen näyttäessään tälle nämä kirjoitukset, sanoen:
"Minä olen valmistanut tämän sinua varten."

Ensimmäisen kerroksen kokoukset ja pidot

Suurimman osan ajasta tämä linna ei ole avoin muille,
mutta joskus siellä järjestetään pitoja ja tanssiaisia. Linna
sisältää erittäin suuren hallin johon mahtuu lukematon määrä
ihmisiä kokoontumaan ja juhlimaan. Tätä salia käytetään myös
kokoussalina, ja tällöin linnan omistaja keskustelee vieraiden
kanssa, nauttien näiden kanssa rakkaudesta ja ilosta.

Tämä sali on pyöreä ja niin suuri ettet sinä voi nähdä sen päästä
päähän. Sen lattia on valkeahkon värinen ja erittäin tasainen.
Siitä löytyy useita jalokiviä ja se loistaa kirkkaasti. Keskellä salia
on kolmitasoinen kynttelikkö joka lisää salin arvokkuutta, ja
muurien edustalla on lisää erikoisia kullasta valmistettuja
kynttelikköjä jotka lisäävät salin kauneutta. Salin keskellä on
pyöreä lava jonka ympärille on aseteltu useita pöytärivejä.
Kutsun saaneet henkilöt ottavat järjestyksenmukaisen paikkansa
ja keskustelevat ystävällisesti.

Kaikki linnan sisällä olevat koristukset on valmistettu
omistajan maun mukaan, ja näiden koristusten valot ja muodot
ovat erittäin kauniita ja siroja. Jumalan kosketus näkyy linnan
jokaisessa jalokivessä, ja tämän talon omistajan pitoihin
kutsutuksi tuleminen on suuri kunnia.

Toisen kerroksen salaiset huoneet ja vastaanottotilat

Suuren linnan toisessa kerroksessa on useita huoneita, ja jokaisella näistä huoneista on salaisuus. Nämä salaisuudet paljastetaan vasta taivaassa kun Jumala palkitsee linnan omistajan tämän tekojen mukaisesti. Yksi näistä huoneista on kuin museo, joka sisältää lukuisia erilaisia kruunuja. Näiden siististi järjesteltyjen kruunujen joukosta löytyy kultainen kruunu, kullalla koristeltu kruunu, helmikruunu, kukilla koristeltu kruunu sekä useita muita eri jalokivin koristeltuja kruunuja. Nämä kruunut on annettu palkkioina joka kerta kun omistaja on edistänyt Jumalan kuningaskuntaa tai kirkastanut Jumalaa maan päällä, ja niiden koot, muodot, materiaalit ja koristukset ovat kaikki erilaisia juhlistaakseen erilaisia kirkkauksia. Täältä löytyy myös suuria huoneita jotka toimivat vaatekomeroina ja turvahuoneina jalokivistä tehdyille esineille. Näistä huoneista enkelit pitävät erityistä huolta.

Täällä on myös niukasti koristeltu huone jotka kutsutaan "Rukoksen huoneeksi." Tämä on annettu sen tähden että linnan omistaja on rukoillut paljon maan päällä ollessaan. Täällä on myös huone jossa on monta televisiota. Tätä huonetta kutsutaan "Tuskan ja Suremisen huoneeksi", ja tässä huoneessa omistaja voi katsella kaikkia maallisen elämänsä asioita milloin tahansa hän haluaa. Jumala on tallentanut omistajan elämän jokaisen hetken ja tapahtuman, sillä hän on kärsinyt suunnattomasti tehdessään Jumalan työtä vuodattanut monia kyyneleitä sielujen puolesta.

Toisesta kerroksesta löytyy myös kauniisti koristeltu huone profeetoiden vastaanottamiseksi, ja täällä omistaja voi jakaa rakkautta ja keskustella heidän kanssaan ystävällisesti. Täällä hän tapaa profeettoja, kuten esimerkiksi Elian, joka meni taivaaseen tulisten hevosten vetämissä vaunuissa, Eenokin, joka käveli Jumalan kanssa yli 300 vuotta, Aabrahamin, joka miellytti Jumalaa uskollaan, Mooseksen, joka oli nöyrempi kuin kukaan muu maan päällä, ja aina niin palavauskoisen apostoli Paavalin, sekä kaikki muut vastaavat henkilöt. Täällä hän nauttii keskustellessaan heidän kanssaan heidän elämistään ja maan tapahtumista ja olosuhteista.

Kolmas kerros on varattu Herran rakkaudesta nauttimiseen

Suuren linnan kolmas kerros on koristeltu uskomattoman ihmeellisesti, ja täällä omistaja ottaa vastaan Herran ja käy Hänen kanssaan ihastuttavia keskusteluja niin usein ja pitkään kuin mahdollista. Tämä on annettu hänelle sen tähden että hän rakasti Herraa enemmän kuin mitään muuta, ja hän yritti seurata Herran tekoja lukemalla neljää evankeliumia sekä palvelemalla ja rakastamalla kaikkia samalla tavoin kuin Herra oli palvellut opetuslapsiaan. Lisäksi hän rukoili lukuisin kyynelin johdattaakseen lukemattomia ihmisiä pelastuksen tielle, ottamalla Herran tavoin vastaan Jumalan voiman, ja hän teki lukemattomia tekoja jotka todistivat elävän Jumalan olemassaolosta. Hän vuodatti kyyneleitä aina kun hän ajatteli Herraa, ja useina öinä hän ei pystynyt nukkumaan sillä hän niin vilpittömästi kaipasi Herraa. Usein omistaja myös rukoili koko yön läpi yrittäen parhaansa saavuttaakseen Jumalan

kuningaskunnan samalla tavalla kuin Herra joka myös rukoili
koko yön.

Kuinka iloinen ja onnellinen hän onkaan kun hän saa
kohdata Herran kasvoista kasvoihin ja jakaa hänen rakkautensa
Hänen kanssaan Uudessa Jerusalemissa!

Minä näen Herrani!
Minä voin katsoa Hänen silmiensä valoa
omilla silmilläni,
minä voin laittaa Hänen lempeän hymyn sydämeeni,
ja tämä on minulle niin suuri ilo.

Herrani,
kuinka paljon minä rakastan Sinua!
Sinä olet nähnyt kaiken
ja Sinä tiedät kaiken.
Nyt minä nautin suuresti
voidessani tunnustaa rakkauteni.
Minä rakastan Sinua, Herra.
Minä olen kaivannut Sinua niin paljon.

Herran kanssa käydyt keskustelut eivät ole koskaan tylsiä tai
rasittavia.

Tämän rakkauden vastaanottanut Isä Jumala kaunisti tämän
ihmeellisen talon kolmannen kerroksen sisustuksen, koristukset
ja jalokivet erittäin kauniisti. Sen monimuotoisuutta ja loistoa
ei voida edes kuvata, ja jopa sen valon taso on erikoinen. Myös
sinä voit kokea sinut tekojesi mukaan palkitsevan rakkauden

Jumalalle kuuluvan oikeuden ja herkän rakkauden pelkästään katsomalla taivaassa olevia taloja.

Taivaan Nähtävyydet

Mitä muuta suuren linnan ympäriltä löytyy? Kokonainen kirja ei olisi tarpeeksi jos minä yrittäisin kuvailla yksityiskohtaisesti tätä kaupunginomaista taloa. Suuren linnan ympärillä on laajoja puutarhoja ja useanlaisia, harmonisesti ja kauniisti koristeltuja rakennuksia. Uima-altaan, huvipuiston, mökkien sekä oopperatalon läsnäolo saavat tämän talon vaikuttamaan suositulta turistikohteelta.

Jumala palkitsee jokaisen tämän tekojen mukaisesti

Tämän talon omistaja voi saada tämän talon omakseen kaikkine tiloineen sen tähden että hän omisti koko kehonsa, mielensä, aikansa ja rahansa Jumalalla tämän maan päällä. Jumala palkitsee kaiken minkä hän teki Jumalan kuningaskunnan puolesta, mukaanlukien sen että hän johdatti lukemattomia sieluja pelastuksen tielle ja rakensi Jumalalle kirkon. Jumala on enemmän kuin kykeneväinen antamaan meille sekä sen, mitä ikinä me pyydämme, että sen, mitä ikinä me halajamme sydämissämme. Jumala suunnittelee täydellisemmin ja kauniimmin kuin kukaan tämän maailman arkkitehti tai kaupunkisuunnittelija, ja Hän tuo esille sekä yhtenäisyyden että erilaisuuden samanaikaisesti.

Tämän maan päällä me voimme omata mitä tahansa me haluamme suurimman osan ajasta jos meillä on vain tarpeeksi rahaa. Näin ei kuitenkaan ole taivaassa. Asuintalo, vaatetus, jalokivet, kruunut tai edes palvelevat enkelit eivät ole ostettavissa tai vuokrattavissa. Nämä annetaan ainoastaan henkilön uskon määrän ja uskollisuuden Jumalan kuningaskuntaa kohtaa mukaisesti.

Heprealaiskirje 8:5 sanoo: *"ja jotka palvelevat siinä, mikä on taivaallisten kuva ja varjo, niinkuin ilmoitettiin Moosekselle, kun hänen oli valmistettava maja."* Tämä maailma on taivaan varjo, ja useimmat eläimet, kasvit ja muu luonto on löydettävissä myös taivaasta. Taivaassa ne ovat kuitenkin paljon kauniimpia kuin tässä maailmassa.

Tutkikaamme seuraavaksi erilaisia kukkia ja kasveja täynnä olevia puutarhoja.

Kukkia ja palvomispaikkoja täynnä olevat puutarhat

Keskellä sijaitsevan linnan alapuolella on erittäin laaja linnanpiha johon useat kukat ja puut ovat luoneet kauniin näyn. Molemminpuolilla linnaa on suuria palvomispaikkoja joihin ihmiset kerääntyvät ajoittain ylistämään Jumalaa. Tämä uskomattoman valtava taivaallinen talo on kuin turistinähtävyys täynnä erilaisia laitteita ja tiloja. Koska talon ympäri kävely ja sen katselu kestää niin kauan, sieltä löytyy myös palvontapaikkoja joissa ihmiset voivat levätä.

Palvominen on taivaassa täysin erilaista verrattuna siihen palvontaan mihin me olemme tottuneet tämän maan päällä.

Muodollisuudet eivät sido sinua, vaan sinä voit ylistää Jumalaa uusin lauluin. Sinä virkistyt ja saat ottaa Pyhän Hengen täyteyden vastaan laulaessasi Isän kunniasta ja Herran rakkaudesta. Täällä on myös paikka joka muistuttaa Australiassa olevaa Sydneyn oopperataloa, ja tämä on annettu omistajalle sen tähden että hän johti maailmanlaajuisen kristillisen kulttuurin lähetystyötä ja johdatti lukemattomia sieluja pelastukseen.

Sydneyn oopperatalon kaltainen esiintymissali

Tämä esiintymissali sijaitsee järven rannalla ja se näyttää siltä kuin se kelluisi joen päällä. Vesisuihku suihkuaa järvestä ilotulitteiden tapaan ja sen ilmaan singonnut vesi sataa maahan jalokivien tapaan säihkyen. Kuljettuasi järven ohitse sinä astut salin sisälle, ja sen sisäpuolella on useanlaisilla jalokivillä koristeltu upea lava sekä vieraita odottavia kauniita istuimia. Enkelit esiintyvät täällä pienissä ryhmissä erityisiin asuihin pukeutuneina. Esiintyvillä enkeleillä on yllään asut joihin kuuluu läpikuultavat siivet jotka muistuttavat sudenkorennon siipiä. Heidän jokainen liikkeensä on virheetön ja kaunis. Täällä on myös enkeleitä jotka laulavat tai soittavat instrumentteja. He esiintyvät loistavasti kaikissa taiteenlajeissa.

Huolimatta siitä kuinka virheettömiä ja kauniita näiden enkeleiden esiintyminen on, heidän tuoksunsa on kuitenkin täysin erilainen verrattuna tanssivien ja laulavien Jumalan lasten tuoksuun. Jumalan ottaa vastaan Hänen lastensa tuoksun paljon kernaammin, sillä he ovat Hänen lapsiaan jotka ovat ymmärtäneet Hänen rakkautensa ja tulleet pyhitetyiksi ihmisten kasvatuksen kautta.

Sateenkaarenvärinen pilvisilta

Elämän Veden Virta loistaa hopeaisesti sen virratessa linnan halki ja sen ympäri. Se on lähtöisin Jumalan valtaistuimesta ja se virtaa Herran ja Pyhän Hengen linnojen, Uuden Jerusalemin sekä Kolmannen, Toisen ja Ensimmäisen Kuningaskunnan sekä Paratiisin ympäri ennenkuin se palaa takaisin Jumalan valtaistuimelle.

Ihmiset keskustelevat kauniin väristen kalojen kanssa istuessaan Elämän Veden Virran kultaisen ja hopeisen rantahiekan päällä. Molemminpuolin jokea on kultaisia penkkejä, ja näiden ympärillä seisovat elämän puut. Istuessasi kultaisilla penkeillä ja katsellessasi maukkaita hedelmiä, sinä ajattelet: 'Nuo hedelmät näyttävät niin herkullisilta', ja palvelevat enkelit tuovat sinulle hedelmiä kukkakoreissa ja ojentavat ne sinulle.

Elämän Veden Virran yli kulkee useita kauniita, kaarenmuotoisia pilvisiltoja. Kulkiessasi sateenkaarenvärisen pilvisillan yli ja katsellessasi alapuolellasi hitaasti virtaavaa jokea sinä tunnet olosi niin upeaksi että sinusta tuntuu kuin sinä lentäisit ilmassa tai kävelisit veden päällä.

Ylitettyäsi Elämän Veden Virran sinä saavut ulompaan linnanpihaan joka on täynnä useita erilaisia kukkia kultaisen nurmikon päällä. Täällä sinä tunnet olosi erilaiselta verrattuna siihen miltä sinusta tuntui sisemmällä linnanpihalla ollessasi.

Huvipuisto ja kukkatie

Pilvisillan ylitettyäsi sinä saavut huvipuistoon jossa on useita laitteita joita sinä et ole koskaan aiemmin nähnyt tai edes kuvitellut olevan olemassa; edes tämän maailman parhaita Disneylandin kaltaisia huvipuistoja ei voida verrata tähän huvipuistoon. Kristallista tehdyt junat kiertävät puiston ympäri, kullasta ja jalokivistä valmistettu merirosvolaiva liikkuu edestakaisin, karuselli pyörii hilpeästi, ja suuri vuoristorata kiertää jännittävää rataansa. Liikkuessaan nämä jalokivin koristellut laitteet loistavat useissa väreissä, ja pelkästään siellä oleminen saa tämän festivaalin tunnelman ottamaan sinut täysin haltuunsa.

Ulomman linnanpihan toiselle sivustalla on loputtoman pitkä kukkatie. Koko tie on täysin kukkien peitossa niin että sinä voit kävellä näiden kukkien päällä. Taivaallinen keho on niin kevеä ettet sinä tunne sen painoa, eivätkä kukatkaan tallaudu vaikka sinä kävelet niiden päällä. Kävellessäsi leveän kukkatien päällä sinä tunnet kukkien pehmeän tuoksun, ja kukat sulkevat terälehtensä ikäänkuin ujoina, ja ne muodostavat aallon avaamalla terälehtensä ammolleen. Tämä on erityinen tervehdys ja tervetulleeksi toivotus. Saduissa kukilla on kasvot ja ne voivat puhua, ja samoin on taivaassa.

Kukkien päällä käveleminen ja niiden tuoksuista nauttiminen saa sinut erittäin iloiseksi, ja kukat ovat onnellisia ja kiitollisia siitä että sinä kävelet niiden päällä. Astuessasi niiden päälle pehmeästi kukat päästävät ilmaan lisää tuoksuja. Jokaisella kukalla on oma tuoksunsa, ja nämä tuoksut sekoittuvat joka kerta eri tavalla niin että sinä koet uusia tuoksuja joka kerta kun sinä kävelet. Kukkatiet sijaitsevat siellä täällä kauniin maalauksen tavoin, ja ne lisäävät tämän taivaallisen talon kauneutta. Tämän henkilön talo valtava ja rajattomalta vaikuttava, ja se sisältää kaikenlaisia tiloja.

Suuri tasanko jolla eläimet leikkivät rauhanomaisesti

Kukkateiden tuolla puolen sijaitsee suuri tasanko. Täällä on myös useita eläimiä jotka sinä tunnistat tästä maailmasta. Sinä voit tietenkin nähdä monia eläimiä muuallakin, mutta täällä on melkein kaikenlaisia eläimiä lukuunottamatta esimerkiksi lohikäärmeitä ja muita eläimiä jotka nousivat Jumalaa vastaan. Edessäsi avautuva näkymä muistuttaa sinua Afrikan laajasta savannista. Sen eläimet leikkivät vapaasti eivätkä ne jätä aluettaan vaikka täällä ei olekaan mitään aitoja. Eläimet ovat suurempia kuin tämän maailman eläimet ja niiden turkit ovat kirkkaammin kiiltäviä. Viidakon lait eivät ole täällä voimassa.

Kaikki eläimet ovat lempeitä; edes petojen kuninkaiksi kutsutut leijonat eivät ole agressiivisia. Ne ovat erittäin lempeitä ja niiden turkit ovat ihania. Taivaassa sinä voit myös puhua vapaasti eläinten kanssa. Kuvittele kuinka kaunista olisikaan kiitää aavalla tasangolla leijonien ja elefanttien selässä ratsastaen. Tällaista ei tapahtu pelkästään saduissa, vaan se on etuoikeus joka on varattu niitä varten jotka pelastuvat ja saavuttavat taivaan.

Yksityinen mökki ja kultainen tuoli lepoa varten

Jumala antaa tämän talon omistajalle mökin hänen yksityiselämäänsä varten, sillä hänen talonsa taivaassa on turistinähtävyys jota monet saapuvat ihailemaan. Tämä mökki sijaitsee pienen kukkulan päällä josta avautuu kaunis näköala, ja se on kauniisti koristeltu. Kukaan ei voi astua tähän mökkiin sillä se on vain yksityiskäyttöä varten. Omistaja käyttää tätä lepäämiseen tai Elian, Eenokin, Aabrahamin ja Mooseksen kaltaisten profeettojen vastaanottamiseen.

Täällä on myös toinen mökki joka on valmistettu kristallista, ja toisin kuin muut rakennukset, tämä rakennus on kirkas ja läpinäkyvä. Sinä et voi kuitenkaan nähdä sen sisälle ulkopuolelta käsin, ja sen sisäänkäynti on kielletty alue. Kristallimökin katolla on kultainen tuoli joka pyörii ympäri. Omistajan istuessa tällä tuolilla hän voi nähdä koko talon yhdellä vilkaisulla olematta sidottu aikaan tai tilaan. Jumala on valmistanut tämän tuolin erityisesti tätä omistajaa varten, niin että hän voisi joko iloita siitä että niin monet ihmiset vierailevat hänen talossaan tai sitten pelkästään levätä siinä istuen.

Muistelemisen kukkula ja pohdiskelun tie

Elämän puiden reunustama Pohdiskelun tie on niin rauhallinen että tuntuu kuin aika olisi pysähtynyt. Jokaisen omistajan ottaman askeleen yhteydessä hänen sydämestään nousee rauha, ja häntä muistutetaan tämän maailman asioista. Kuvaruudun kaltainen pyöreä näyttö asetetaan hänen päänsä yläpuolelle jos hän ajattelee aurinkoa, kuuta tai tähtiä, ja aurinko, kuu ja tähdet ilmestyvät tähän näyttöön. Auringon, kuun tai tähtien valolle ei ole taivaassa tarvetta, sillä Jumalan kirkkauden valo ympäröi koko paikkaa. Tämä kerros on kuitenkin annettu hänelle erikseen jotta hän voisi ajatella tämän maailman asioita.

Täällä on myös paikka jota kutsutaa Muistelemisen kukkulaksi, ja tämä muodostaa suuen kylän. Täällä omistaja voi käydä läpi maallisen elämänsä, ja tänne on kerätty sen osasia. Talo jossa hän syntyi, koulut joita hän kävi, kylät ja kaupungit joissa hän asui, paikat joissa hän kohtasi koettelemuksia, paikka jossa hän kohtasi Jumalan ensimmäistä kertaa sekä pyhätöt jotka hän rakensi papiksi tultuaan ovat kaikki täällä aikajärjestyksessä.

Vaikka taivaan materiaalit eroavatkin luonnollisesti tämän maan materiaaleista, hänen maallisen elämänsä asiat on kopioitu tarkalleen. Täten ihmiset voivat kokea hänen maallisen elämänsä piirteet elävästi. Kuinka ihmeellistä Jumalan lempeä ja herkkä rakkaus onkaan!

Vesiputoukset ja saaria sisältävä meri

Sinä kuulet kaukaata kantautuvan kovan ja kirkkaan äänen kävellessäsi Pohdiskelun tietä eteenpäin. Tämä ääni on peräisin monivärisisitä vesiputouksista. Vesiputouksen räiskyessä sen pohjalla olevat kauniit jalokivet säihkyvät loistavasti. On mahtava näky kun suuri vesivirta putoaa ylhäältä kolme kerrosta alas Elämän Veden Virtaan. Molemminpuolin vesiputousta on jalokiviä jotka heijastavat valoa kaksin- tai kolminkerroin, ja ne loistavat ihmeellisesti vesipisaroiden kanssa. Pelkästään tämän katsominen saa sinut virkistymään ja täyttymään voimalla.

Vesiputouksen päällä sijaitsee paviljonki jota ihmiset voivat käyttää joko näkymän katselemiseen tai lepäämiseen. Sinä voit nähdä täältä taivaallisen talon sen kokonaisuudessaan, ja tämä näkymä on niin ihmeellinen ja kaunis että sitä ei voida kunnolla kuvailla tämän maailman sanoilla.

Linnan takana on suuri meri, ja siinä on erikokoisia saaria. Kirkas ja puhdas merivesi loistaa niin kirkkaasti että vaikuttaa siltä kuin veteen olisi pirskoteltu jalokiviä. On myös hyvin kaunista nähdä kuinka kalat uivat tässä kirkkaassa meressä. Yllättävää on, että meren pohjaan on rakennettu vihreästä jadesta kauniita taloja. Tässä maailmassa edes kaikista rikkain mies ei voi omistaa taloa merenpinnan alapuolella.

Koska taivas sijaitsee neliulotteisessa maailmassa siellä on kaikki kuitenkin mahdollista, ja siellä on useita asioita joita me emme voi ymmärtää tai joiden olemassaolosta me emme voi edes uneksia.

Valtava *Titanicin* kaltainen risteilyalus ja kristallivene

Meren saarilta löytyy monenlaisia kukkia, laululintuja, sekä jalokiviä jotka viimeistelevät maiseman kauneuden. Täällä järjestetään melonta- ja surffauskilpailuja taivaallisten kansalaisten houkuttelemiseksi. Titanicin kaltainen alus kelluu pehmeästi aaltoilevassa meressä, ja tämä alus pitää sisällään monenkaltaisia tiloja, kuten esimerkiksi uima-altaita, teattereita ja juhlasaleja. Sinusta tuntuu kuin sinä kävelisit meren päällä jos sinä olet täysin läpinäkyvässä veneessä joka tehty kokonaan kristallista, ja sinä voit kokea meren sisäisen kauneuden rugbypallon muotoisen sukellusveneen sisällä.

Kuinka onnellista olisikaan purjehtia Titanicin kaltaisella aluksella, kristalliveneessä, tai rugbypallon muotoisessa sukellusveneessä tässä kauniissa paikassa edes yhden päivän ajan! Koska taivas on kuitenkin ikuinen paikka, sinä voit nauttia näistä asioista ikuisesti jos sinä täytät Uuteen Jerusalemiin vaadittavat pääsyvaatimukset.

Useita liikunta- ja virkistystiloja

Täällä on myös useita liikunta- ja virkistytiloja, kuten golf-kenttiä, keilaratoja, uima-altaita, tenniskenttiä, lentopallokenttiä, koripallokenttiä, ja niin edelleen. Nämä annetaan palkkiona, sillä vaikka omistaja olisi kyllä voinut nauttia näistä urheilulajeista maan päällä, hän ei tehnyt niin Jumalan kuningaskunnan tähden vaan antoi sen sijaan antoi kaiken aikansa Hänelle.

Keilan muotoisen, kullasta ja jalokivistä valmistetun keilaradan keilat ja pallot on valmistettu kullasta ja jalokivistä. Ihmiset keilaavat kolmesta viiteen henkeä käsittävissä ryhmissä, ja he nauttivat näistä hilpeistä hetkistä toisiaan kannustaen. Toisin kuin maan päällä, täällä keilapallo ei tunnu painavan kovin paljoa, ja se vierii eteenpäin voimakkaasti vaikka sinä työntäisitkin sitä vain pehmeästi. Kun keilapallo osuu keiloihin se aiheuttaa kirkkaan ja kauniin äänen ja loistavat valot vilkkuvat.

Kultaisen nurmen päälle rakennettulla golf-kentällä ruoho lakoaa automaattisesti pallon edessä. Ruohon lakoaminen domino-pelin kaltaisesti saa sen muistuttamaan aaltoa. Uudessa

Jerusalemissa jopa nurmikko noudattaa isännän sydäntä. Putattuasi pilvenpalanen ilmestyy jalkojesi juureen ja se kuljettaa isäntänsä toiselle reiälle. Kuinka ihmeellistä ja erikoista tämä onkaan!

Ihmiset nauttivat kovasti myös uima-altailla. Jopa ne, jotka eivät osanneet uida maan päällä voivat uida hyvin, sillä taivaassa kukaan ei huku. Vesi ei myöskään kastele vaatteita vaan se valuu niistä pois kuin kaste lehden päältä. Ihmiset voivat nauttia uimisesta milloin tahansa, sillä he voivat uida vaatteet päällä.

Puutarhassa olevat useankokoiset järvet ja lähteet

Suuressa ja laajassa taivaallisessa talossa on myös useita erikokoisia järviä. Järvissä olevat useanväriset kalat heiluttavat eviään ihan kuin ne tanssisivat miellyttääkseen Jumalan lapsia, ja tämä näyttää siltä kuin ne tunnustaisivat rakkauttaan ääneen. Sinä voit myös nähdä kuinka kalat muuttavat väriään. Kala joka heiluttaa hopeisia eviää voi yhtäkkiä muuttua helmenväriseksi.

Talossa on lukuisia puutarhoja, ja jokaisella puutarhalla on oma nimensä sen ainutlaatuisen kauneuden ja piirteiden mukaisesti. Tätä kauneutta ei voida kuvata hyvin, sillä Jumalan kosketus on läsnä jopa jokaisessa lehdessä.

Myös lähteet ovat erilaisia puutarhojen piirteiden mukaisesti. Yleensä lähteet suihkuttavat vettä ilmaan, mutta täällä on lähteitä jotka suihkuttavat monia kauniita värejä tai tuoksuja. Täällä on uusia ja kallisarvoisia tuoksuja joita sinä et voi kokea maan päällä, kuten helmestä lähtevä periksiantamattomuuden tuoksu, sardionin palavan rakkauden ja ponnistelun tuoksu,

uhrautuvaisuuden tai uskollisuuden tuoksu ja monia muita.
Keskeltä ylöspäin suihkuttavaa lähdettä löytyy kirjoituksia ja
kuvia jotka selittävät jokaisen lähteen merkityksen ja syyn siihen
miksi ne on luotu.

Linnanomaisessa talossa on myös useita muita rakennuksia ja
erikoispaikkoja, ja on sääli ettei kaikkia näitä tiloja voida kuvailla
yksityiskohtaisesti. Tärkeintä on, että mitään ei anneta ilman
syytä, vaan kaikki on annettu palkkiona sen mukaan kuinka
paljon henkilö on työskennellyt Jumalan kuningaskunnan ja
vanhurskauden eteen tässä maailmassa.

Sinun palkkiosi taivaassa on suuri

Sinä olet jo varmasti ymmärtänyt että tämä taivaallinen
talo on liian valtava ja suuri jotta me voisimme käsittää sen
ymmärryksellämme. Täydellisen yksityisyyden takaava suuri
linna on rakennettu kaiken keskelle, ja sen ympärillä sijaitsee
useita muita rakennuksia, tiloja ja laajoja puutarhoja; tämä talo
on kuin taivaan turistikohde. Luultavasti sinun on vaikeaa olla
yllättymättä sen johdosta että tämä käsittämättömän suuri talo
on tarkoitettu *yhdelle ainoalle* tämän maan päällä kasvatetulle
henkilölle.

Mikä sitten on syy siihen että Jumala on valmistanut
taivaallisen talon joka yhtä suuri kuin kaupunki?
Tarkistelkaamme lukuja Matteus 5:11-12:

Autuaita olette te, kun ihmiset minun tähteni teitä
solvaavat ja vainoavat ja valhetellen puhuvat teistä

kaikkinaista pahaa. Iloitkaa ja riemuitkaa, sillä teidän palkkanne on suuri taivaissa. Sillä samoin he vainosivat profeettoja, jotka olivat ennen teitä.

Kuinka paljon apostoli Paavali kärsi Jumalan kuningaskunnan tähden? Hän kärsi kovista vaikeuksista ja vainoista saarnatessaan Jeesuksesta Pelastajasta ei-juutalaisille. Me voimme lukea kuinka kovasti hän työskenteli Jumalan kuningaskunnan edestä 1. Korinttolaiskirjeestä 11:23 eteenpäin. Paavali vangittiin, pahoinpideltiin ja hän oli hengenvaarassa useaan otteeseen saarnatessaan evankeliumia.

Paavali ei kuitenkaan koskaan valittanut tai murehtinut vaan hän iloitsi ja oli onnellinen siitä että Sanan Jumala käski häntä. Loppujen lopuksi ei-juutalaisten maailmanlaajuisen lähetystyön ovi avattiin Paavalin kautta. Joten hän astui luonnollisesti Uuteen Jerusalemiin ja sai osakseen kunnian loistaa auringon tavoin Uudessa Jerusalemissa.

Jumala rakastaa erittäin paljon kaikkia jotka tekevät työtä väsymättä ja jotka ovat uskollisia aina oman elämänsä uhraamiseen saakka, ja Hän siunaa ja palkitsee heidät monin asioin taivaassa.

Uuden Jerusalemin kaupunkia ei ole varattu ketään tiettyä henkilöä varten, vaan kuka tahansa joka pyhittää sydämensä niin että se muistuttaa Jumalan omaa sydäntä ja joka täyttää velvollisuutensa palavasti voi astua sinne ja asua siellä.

Minä rukoilen Herran Jeesuksen Kristuksen nimessä, että sinä tulisit olemaan Jumalan sydämen kaltainen palavien rukousten ja Jumalan Sanan kautta, ja että sinä täyttäisit velvollisuutesi täysin, niin että sinä saisit astua Uuteen Jerusalemiin ja tunnustaa Hänelle kyynelehtivin silmin, "Minä olen niin kiitollinen Isän suuresta rakkaudesta."

Luku 9

Uuden Jerusalemin Ensimmäiset Pidot

Sentähden, joka purkaa yhdenkään näistä pienimmistä
käskyistä ja sillä tavalla opettaa ihmisiä, se pitää
pienimmäksi taivasten valtakunnassa kutsuttaman;
mutta joka niitä noudattaa ja niin opettaa, se pitää
kutsuttaman suureksi taivasten valtakunnassa.

- Matteus 5:19

Jumalan valtaistuin sijaitsee Uudessa Jerusalemissa. Kaikkien maan päällä kasvatettujen ihmisten joukosta Uudessa Jerusalemissa saavat asua ikuisesti ne, jotka omaavat kristallinkirkkaan ja puhtaan sydämen. Kolmiyhteisen Jumalan kanssa eläminen Uudessa Jerusalemissa on täynnä käsittämätöntä rakkautta, tunnetta, onnellisuutta ja iloa. Ihmiset nauttivat loppumattomasta onnellisuudesta käymällä palvelustilaisuuksissa ja pidoissa, sekä keskustelemalla ystävällisesti toistensa kanssa.

Ottaessasi osaa Isä Jumalan järjestämiin Uuden Jerusalemin pitoihin sinä voit seurata näytöksiä ja nauttia rakkauden jakamisesta lukemattomien eri taivaan asuinsijoista saapuneiden ihmisten kanssa.

Kolmiyhteinen Jumala, joka on tuolloin päättänyt kauan aikaa kestäneen ihmisten kasvattamisen, iloitsee ja on onnellinen katsoessaan rakkaita lapsiaan.

Rakkauden Jumala on paljastanut minulle yksityiskohtaisesti Uuden Jerusalemin elämää joka on täynnä käsittämättömiä tunteita. Syy siihen, että minä olen pystynyt voittamaan pahan hyvyydellä ja rakastamaan vihollisiani jopa silloin kun olen kärsinyt syyttömänä on se, että minun sydämeni on täynnä toivoa Uudesta Jerusalemista.

Tarkistelkaamme seuraavaksi kuinka siunattua onkaan olla "Jumalan sydämen kaltainen", joka on kristallinkirkas ja kaunis. Me käytämme tähän esimerkkinä kohtausta Uuden Jerusalemin ensimmäisistä pidoista.

Minä toivon että sinä voit tuntea syviä tunteita ja onnellisuutta lukiessasi kuinka Uuden Jerusalemin ensimmäiset pidot järjestetään.

Uuden Jerusalemin Ensimmäiset Pidot

Taivaassa on pitoja ihan niinkuin tässäkin maailmaassa, ja näiden pitojen kautta me voimme ymmärtää taivaallisen elämän iloja sangen hyvin. Tämä johtuu siitä että on olemassa kunniallisia paikkoja joissa me voimme yhdellä silmäyksellä kokea ja nauttia taivaan rikkauksista ja kauneudesta. Maan päällä ihmiset pukeutuvat ja koristautuvat kauniisti sekä syövät ja juovat parhaita ruokia ja juomia kun he ottavat osaa maan presidentin järjestämiin pitoihin. Samalla tavalla taivaan pidot ovat täynnä kaunista tanssia, laulua sekä onnellisuutta.

Juhlasalin kaunis ylistyksen ääni

Uuden Jerusalemin juhlasali on valtavan kokoinen ja arvokas. Käydessäsi sisäänkäynnin läpi sinä astut huoneeseen joka on niin suuri ettet sinä voi nähdä sen toiseen päähän, ja kaunis taivaallinen musiikki saa sinut yhä tunteikkaammaksi.

Ihmeellinen valo
joka on ollut aikojen alkua aiemmin.
Hän valaisee kaiken
tällä ikuisella valollaan.
Hän synnytti Poikansa
ja loi enkelit.

Hänen kirkkautensa on korkealla
taivaan ja maan yläpuolella
ja on suuri.
Hänen armonsa on suuri
ja Hän tarjosi sen meille.
Hän tarjosi sydämensä
ja loi maailman.
Ylistys Hänen suurelle rakkaudelleen pienin huulin.
Ylistetty olkoon Herra,
joka kuulee ylistyksen ja iloitsee.
Ylistä Hänen pyhää nimeään
ja ylistä Häntä ikuisesti.

Hänen valonsa on ihmeellinen
ja ylistyksen arvoinen.

Kirkas ja harmoninen musiikki sulautuu henkeen ja tuottaa
samanlaista innostusta ja rauhaa kuin mitä vauva tuntee äitinsä
rinnalla. Juhlasalin suuri portti on valkean jalokiven värinen, ja se
on koristeltu erimuotoisilla ja-värisillä kukilla sekä kauniilla
painokuviolla. Tästä näkyy kuinka Isä Jumala on suuressa
rakkaudessaan lapsiaan kohtaan valmistanut pienetkin
yksityiskohdat täydellisellä huolenpidolla Uuden Jerusalemin
joka kolkassa.

Valkean jalokiven värisestä portista astuminen

Lukematon määrä ihmisiä kulkee yhdessä jonossa
esiintymissalin suuren ja kauniin portin lävitse, ja tämän
jonon kärjessä kulkevat Uuden Jerusalemin asukkaat. He
pitävät päässään kultaisia kruunuja jotka ovat muiden taivaan
asuinsijojen kruunuja korkeampia ja ne loistavat lempeästi
ja kauniisti. Ihmiset ovat pukeutuneet valkoisiin yksiosaisiin
vaatteisiin jotka säihkyvät kirkkaasti ja loistavasti. Vaatteiden
tekstiili on silkinpehmeää ja kevyttä, ja se aaltoilee edestakaisin.

Kullalla ja erilaisilla jalokivillä koristeltujen vaatteiden
kauluksessa ja hihoissa on jalokivin koristeltuja, säihkyviä
ompelia, ja näiden kuviot ja jalokivet vaihtelevat ihmisten
tekojen mukaan. Uuden Jerusalemin asukkaiden kauneus ja
kirkkaus eroavat täysin taivaan muiden asuinsijojen asukkaiden

vastaavista.

Toisin kuin Uuden Jerusalemin asukkaiden, muualla asuvien ihmisten täytyy ensin läpäistä tietty prosessi ennenkuin he voivat ottaa osaa Uuden Jerusalemin pitoihin. Paratiisin sekä Ensimmäisen, Toisen ja Kolmannen Kuningaskunnan asukkaiden täytyy ensin vaihtaa asunsa erityisiin Uuden Jerusalemin vaatteisiin. Taivaallisten kehojen valo vaihtelee sen mukaan mistä taivaan asuinpaikasta ihmiset tulevat, ja niin ihmisten täytyy lainata sopivia vaatteita voidakseen vierailla heidän asuinpaikkaansa korkeammalla tasolla.

Tämän takia täällä on erityinen paikka vaatteiden vaihtamista varten. Täällä on lukemattomia Uuden Jerusalemin vaatteita ja enkeleitä jotka auttavat ihmisiä vaihtamaan vaatteitaan. Paratiisin asukkaat – vaikka heitä ei olekaan kuin muutama – joutuvat kuitenkin vaihtamaan vaatteensa itse ilman enkeleiden apua. He vaihtavat asunsa Uuden Jerusalemin vaatteisiin ja he ovat hyvin liikuttuneita vaatteiden kirkkaudesta. He ovat yhä pahoillaan sen tähden että he ovat pukeutuneita vaatteisiin joihin heillä ei ole ansioita.

Ensimmäisen, Toisen ja Kolmannen Kuningaskunnan sekä Paratiisin asukkaiden täytyy vaihtaa vaatteensa ja näyttää kutsunsa esiintymissalin sisäänkäynnin luona oleville enkeleille voidakseen astua sen sisään.

Arvokas ja ihmeellinen esiintymissali

Enkelien johdattaessa sinut esiintymissaliin sinä et voi olla hämmentymättä salin loiston, ihmeellisyyden ja kirkkaiden valojen tähden. Salin lattia on tahraton ja puhdas, ja se loistaa valkoisen jalokiven värisenä. Molemmin puolin lattiaa on useita pylväitä. Pyöreät pylväät ovat lasinkirkkaita ja niiden sisusta on koristeltu monenlaisilla jalokivillä ainutlaatuisen kauneuden luomiseksi. Jokaisen pylvään päältä riippuu kukkavihko joka lisää pitojen laatua ja tunnelmaa.

Kuinka onnellista ja ihmeellistä olisikaan jos sinut kutsuttaisiin valkoisesta marmorista ja kirkkaasti loistavasta kristallista valmistettuun juhlasaliin. Kuinka paljon kauniimpaa ja onnellisempaa olisikaan taivaallinen juhlasali joka on valmistettu erilaisista taivaallisista jalokivistä!

Uuden Jerusalemin juhlasalin edessä on kaksi lavaa jotka saavat sinut tuntemaan olosi siltä kuin sinä olisit mennyt ajassa takaisinpäin ja olisit ottamassa osaa antiikin keisarin kruunajaisiin. Keskellä korkeinta lavaa on Isä Jumalaa varten suuri, valkean jalokiven värinen valtaistuin. Tämän valtaistuimen oikealla puolen on Herran valtaistuin, ja sen vasemmalla puolella sijaitsee näiden ensimmäisten pitojen kunniavieraan valtaistuin. Kirkkaat valot ympäröivät näitä valtaistuimia ja ne ovat hyvin korkeita ja mahtavia. Alemmalle lavalle on aseteltu profeettojen istuimet heidän taivaallisen arvonsa mukaisesti, ja tämä kertoo Isä Jumalan majesteettisuudesta.

Juhlasali on tarpeeksi suuri jotta siihen mahtuisi lukemattomia taivaallisia kansalaisia. Juhlasalin toisella puolella on taivaallinen orkesteri jonka kapellimestarina toimii arkkienkeli. Tämä orkesteri soittaa taivaallista musiikkia lisätäkseen iloa ja onnea sekä pitojen aikana että ennen niiden alkamista.

Enkelit ohjaavat istumaan

Enkelit vievät juhlasaliin astuneet vieraat heidän ennaltamäärätyille istumilleen. Uuden Jerusalemin asukkaat istuvat edessä, ja heidän takanaan istuvat Kolmannen, Toisen, ja Ensimmäisen Kuningaskunnan sekä Paratiisin asukkaat.

Kolmannen Kuningaskunnan asukkaat kantavat päässään kruunuja jotka ovat täysin erilaisia Uuden Jerusalemin kruunuihin verrattuna. Heidän täytyy myös asettaa pyöreä merkki kruunujensa oikealle puolelle jotta he erottuisivat Uuden Jerusalemin ihmisistä. Toisen ja Ensimmäisen Kuningaskunnan asukkaiden täytyy asettaa pyöreä merkki heidän vasemman rintansa päälle jotta he erottuvat automaattisesti Uuden Jerusalemin tai Kolmannen Kuningaskunnan asukkaista. Toisen ja Ensimmäisen Kuningaskunnan ihmiset kantavat päässään kruunuja, mutta Paratiisin asukkailla ei ole kruunuja.

Uuden Jerusalemin pitoihin kutsutut asettuvat paikoilleen ja odottavat Isä Jumalan, juhlien järjestäjän, ilmestymistä. He ovat hyvin innoissaan ja korjailevat vaatteitaan odottaessaan. Pasuunan ilmoittaessa Isän saapumisesta kaikki juhlasalin ihmiset nousevat vastaanottamaan isäntänsä. Ihmiset jotka eivät saaneet kutsua pitoihin voivat ottaa osaa tapahtumiin taivaan eri asuinpaikkohin sijoitettujen lähetyssysteemien kautta.

Isä astuu saliin pasuunan äänen säestyksellä

Pasuunan soidessa useat Isä Jumalaa saattavat arkkienkelit astuvat sisälle ensimmäisenä ja heitä seuraavat Hänen rakkaat uskon esi-isänsä. Nyt jokainen on valmis ottamaan Isä Jumalan vastaan. Näkyä katselevat ihmiset tulevat yhä innokkaammiksi näkemään Isän ja Herran, ja he kääntävät silmänsä salin etuosaa kohti. Lopulta Isä Jumala astuu sisään loistavien ja kirkkaiden valojen säihkyessä. Hän on arvokas mutta samanaikaisesti lempeä ja pyhä. Hänen aaltoilevat hiuksensa loistavat kultaisesti, eivätkä ihmiset voi edes avata silmiään kunnolla Hänen kasvoistaan ja kehostaan peräisin olevan kirkkaan säihkeen tähden.

Taivaalliset isännät ja enkelit, lavalla odottaneet profeetat sekä kaikki juhlasalin ihmiset kumartavat päänsä palvoakseen Jumalaa Hänen saapuessaan valtaistuimelle. Isä Jumalan, Luojan ja Hallitsijan näkeminen henkilökohtaisesti on suuri kunnia. Kuinka iloinen ja tunteellinen hetki tämä onkaan! Kaikki vieraat eivät voi kuitenkaan nähdä Häntä. Paratiisin sekä Ensimmäisen ja Toisen Kuningaskunnan asukkaat eivät voi nostaa kasvojaan kirkkauden loiston tähden. He vuodattavat ilon kyyneleitä kiitollisina siitä että he ovat saaneet saapua näihin pitoihin.

Herra esittelee kunniavieraan

Isä Jumalan istuuduttua valtaistuimelle Herra saapuu kauniiden ja eleganttien arkkienkeleiden saattamana. Hän on pukeutunut ihmeelliseen ja korkeaan kruunuun sekä säihkyvään ja valkeaan, pitkään viittaan. Hän näyttää arvokkaalta ja on täynnä loistoa. Herra kumartaa Isä Jumalalle ensin ollakseen kohtelias, ottaa vastaan enkelien, profeettojen ja muiden ihmisten palvonnan ja hymyilee heille takaisin. Isä Jumala istuu valtaistuimella ja Hän on tyytyväinen katsoessaan kaikkia pitoihin osallistuvia ihmisiä.

Herra astuu korokkeelle, esittelee ensimmäisten pitojen kunniavieraan ja puhuu yksityiskohtaisesti tämän pappeudesta ja siitä, kuinka hän auttoi saattamaan ihmisten kasvattamisen päätökseen. Jotkut pitojen kutsuvieraat ihmettelevät kuka tämä henkilö on, mutta ne jotka jo tietävät kenestä on kyse keskittyvät Herran puheeseen odottaen innokkaasti mitä on seuraava.

Lopulta Herra päättää puheensa selittämällä kuinka tämä mies rakasti Isä Jumalaa, kuinka kovasti hän yritti pelastaa lukemattomia sieluja ja kuinka hän täytti Jumalan tahdon. Sitten Isä Jumala täyttyy ilolla ja Hän nousee seisomaan toivottaakseen kunniavieraan tervetulleeksi ensimmäisiin pitoihin, kuin isä joka tervehtii poikaansa joka palaa kotiin menestyksekkäänä, tai kuin kuningas joka tervehtii voittoisaa kenraalia. Odotusta täynnä oleva juhlasali kaikuu jälleen pasuunan äänestä, ja kunniavieras astuu sisään kirkkaasti loistaen.

Hänellä on päässään korkea, loistava kruunu ja hän kantaa yllään samanlaista valkeaa viittaa kuin Herra. Hän on myös arvokkaan oloinen, mutta ihmiset lukevat hänen kasvoistaan Isä Jumalaa muistuttavaa armoa ja lempeyttä.

Minä esittelen sinulle rakkaan poikani

Ihmiset nousevat seisomaan, osoittavat suosiota, ja muodostavat aaltoja käsillään kun pitojen kutsuvieras saapuu. He kääntyvät ympäri ja iloitsevat syleilemällä toisiaan. Kun esimerkiksi Maailmancupin loppuottelussa pallo lentää maalivahdin ohi tuoden toiselle joukkueellee voiton, kaikki voittajamaan paikalla olevat tai kodeissaan katsovat ihmiset iloitsevat ja hurraavat syleillen toisiaan, vaihtaen high fiveja, ja niin edelleen. Samalla tavalla Uuden Jerusalemin juhlasali on täynnä ilon ilmaisuja.

Herran esittelemä henkilö menee ensin Isän luokse ja tervehtii Häntä kunnioittavasti. Isä Jumala syleilee tätä henkilöä, ja sitten Herra syleilee häntä.

Nyt Isä Jumala sanoo: "Minä esittelen sinulle rakkaan poikani", ja hän esittelee kutsuvieraan juhlasalille vielä toistamiseen. Tällöin sekä juhlasalissa olevat ihmiset että pitoihin televisionäyttöjen kautta osallistuvat ihmiset kumartavat päänsä palvoakseen Häntä.

Sitten Isä Jumala istuutuu jälleen valtaistuimelleen, ja Herra ja kutsuvieras istuutuvat omille valtaistuimilleen. Ny kaikkien silmät on jälleen suunnattu kutsuvieraaseen. Katsoen Häntä mieltynein sydämin, Isä Jumala sanoo hänelle:

Poikani!
minä olen iloinen ja onnellinen
että sinä olet tullut luokseni
saatuasi päätökseen velvollisuutesi
jotka minä olen sinulle antanut.
Asu tällä,
ja ole kanssani ikuisesti.

Minä olen niin iloinen! Aloittakaa iloisat pidot!

Isä Jumala katsoo Hänen lapsiaan täynnä olevaa salia ja sanoo: "Minä olen erittäinen iloinen ja onnellinen. Aloittakaa iloisat pidot!" Samalla hetkellä taivaallinen musiikki alkaa soimaan ja kauniiden enkeleiden tanssi- ja lauluesitykset alkavat lavalla. Enkelit soittavat musiikkia ja tanssivat kauniisti taivaallisten sävelten tahdissa; joskus he kääntyilevät piirissä tai muissa kuvioissa, ja joskus he hypähtelevät pehmeästi. He tanssivat hillitysti pehmeän musiikin mukana ja iloisesti iloisen musiikin mukana.

Jopa tässä maailmassa ihmiset ovat usein ihmeissään niiden kauniiden esitysten takia joita he näkevät New Yorkin Carnegie Hallissa tai Sydneyn Oopperatalossa. Voitko sinä edes kuvitella kuinka paljon kauniimpia ja koskettavampia olisivatkaan erityisesti Jumalan järjestämiä pitoja varten suunnitellut esitykset?

Enkelit palvelevat Uuden Jerusalemin pitoihin osallistuvia vieraita. He istuvat pöytien ympärillä niiden uskonveljiensä ja -sisariensa kanssa joiden kanssa he työskentelivät tämän maan päällä. He keskustelevat leppoisasti, nauttivat juomistaan tai tervehtivät uskon esi-isiä joiden tapaamista he ovat jo kauan odottaneet. Esiintymisten aikana on myös kohta jolloin kunniavieraan kanssa työskennelleet vieraat ylistävät ja tanssivat hänelle.

Nämä pidot ovat Jumalan valmistamat yllätysjuhlat, joten kaikki – Herra, kunniavieras ja kaikki pitojen vieraat – ovat iloissaan. Rakkauden Jumala palkitsee sanoinkuvaamattomalla kunnialla ja kirkkaudella jopa ne pienimmät asiat mitä me olemme tämän maan päällä tehneet, ja tämän takia Jumalan valmistama taivas on niin ihmeellinen.

Proofetat Kuuluvat Taivaan Ensimmäiseen Luokkaan

Mitä meidän pitää sitten tehdä jotta me saisimme asua Uudessa Jerusalemissa ja ottaa osaa sen ensimmäisiin pitoihin? Meidän tulee hyväksyä Kristus elämäämme ja ottaa vastaan Pyhän Hengen lahja, sekä kantaa Pyhän Hengen yhdeksää hedelmää ja olla Jumalan kristallinkirkkaan ja kauniin sydämen kaltainen. Taivaassa järjestys päätetään sen mukaan kuinka pyhittyneitä ihmiset ovat olemaan Jumalan sydämen kaltaisia.

Joten jopa Uuden Jerusalemin ensimmäisissä pidoissa profeetat istuutuvat taivaallisen arvon mukaan Isä Jumalan astuessa sisään saliin. Mitä korkea-arvoisempia profeetat tai esi-isät ovat, sitä lähempänä Jumalan valtaistuinta he saavat olla. Koska taivasta hallitaan samankalaisen arvojärjestyksen mukaan, me tiedämme että meidän tulee olla Jumalan sydämen kaltaisia päästäksemme lähelle Hänen valtaistuintaan.

Tutkiskelkaamme seuraavaksi Jumalan sydämen kaltaista kristallinkirkasta ja puhdasta sydäntä ja sitä kuinka me voimme olla täysin sen kaltaisia. Me teemme tämän tutkimalla taivaan ensimmäiseen luokkaan kuuluvien profeettojen elämiä.

Elia nostettiin taivaaseen kuolemaa näkemättä

Kaikista korkea-arvoisin tämän maan päällä kasvatetuista ihmisistä on Elia. Raamattu kertoo kaikista Eliaan elämän vaiheista ja siitä kuinka tämä elämä todisti elävästä, ainoasta oikeasta Jumalasta. Hän oli profeetta aikana jolloin Ahab oli Israelin pohjoisen kuningaskunnan kuningas. Väärien jumalien palvonta oli hyvin yleistä tuohon aikaan tässä kuningaskunnassa. Elia kohtasi 850 profeettaa jotka palvoivat vääriä jumalia, ja hän sai tulen saapumaan taivaasta. Elia sai myös sateen aikaiseksi kolme ja puoli vuotta kestäneen kuivuuden jälkeen.

Elia oli ihminen, yhtä vajavainen kuin mekin, ja hän rukoili rukoilemalla, ettei sataisi; eikä satanut maan päällä kolmeen vuoteen ja kuuteen kuukauteen. Ja hän rukoili uudestaan, ja taivas antoi sateen, ja maa kasvoi hedelmänsä (Jaak. 5:17-18).

Lisäksi ruukku, joka piti sisällään vain kourallisen jauhoja sekä hieman öljyä sisältävä kannu kestivät Eliaan kautta niin kauan kunnes nälänhätä loppui. Hän herätti kuolleisa lesken pojan ja halkaisi Jordan-joen. Lopulta Elia meni taivaaseen tuulenpyörteen mukana (2. Kun. 2:11).

Miksi sitten Elia, joka oli samanlainen ihminen kuin mekin, pystyi tekemään voimallisia Jumalan tekoja ja jopa välttämään kuoleman? Tämä kaikki oli mahdollista sen tähden että useidn koettelemusten kautta hänen sydämensä saavutti tilan jossa se oli kristallinkirkas ja kaunis, Jumalan sydämen kaltainen. Elia luotti

Jumalaan täysin kaikissa tilanteissa ja hän totteli Häntä aina. Jumalan käskyn mukaisesti tämä profeetta meni kuningas Ahabin eteen joka oli yrittänyt tappaa hänet, ja hän julisti lukuisten ihmisten edessä että Jumala oli ainoa oikea Jumala. Tämän tähden hän sai ottaa vastaan Jumalan voiman ja hän teki Hänen voimallisia tekoja ylisääkseen Häntä, ja hän sai osakseen ikuisen kunnian ja kirkkauden.

Eenok kulki Jumalan kanssa 300 vuotta

Entä sitten Eenok? Eliaan tavoin myös Eenok nostettiin taivaaseen kuolemaa näkemättä. Vaikka Raamattu ei puhukaan hänestä kovinkaan paljon, me voimme silti tuntea kuinka paljon hän muistutti Jumalan sydäntä.

Kun Eenok oli kuudenkymmenen viiden vuoden vanha, syntyi hänelle Metusalah. Ja Eenok vaelsi Metusalahin syntymän jälkeen Jumalan yhteydessä kolmesataa vuotta, ja hänelle syntyi poikia ja tyttäriä. Niin oli Eenokin koko elinaika kolmesataa kuusikymmentä viisi vuotta. Ja kun Eenok oli vaeltanut Jumalan yhteydessä, ei häntä enää ollut, sillä Jumala oli ottanut hänet pois (Genesis 2:21-24).

Eenok alkoi kulkea Jumalan kanssa kun hän oli 65-vuotias. Hän oli hyvin rakas näky Jumalalle, sillä hän oli Jumalan sydämen kaltainen. Jumala kommunikoi hänen kanssaan hyvin syvästi, kulki hänen kanssaan 300 vuotta, ja otti hänet sitten elävänä asettaakseen hänet Hänen lähelleen. Tässä "Jumalan yhteydessä vaeltaminen" tarkoittaa sitä, että Jumala on tämän tietyn henkilön kanssa kaikissa tilanteissa, ja Jumala oli Eenokin kanssa minne tahansa hän sitten menikin kolmen vuosisadan ajan.

Minkälaisen henkilön sinä haluaisit valita seuraksesi jos sinä lähdet matkalle? Matkasta tulee miellyttävä jos sinä valitset henkilön joka on sinunkaltaisesi. Me ymmärrämme, että Eenok oli samankaltainen Jumalan sydämen kanssa ja tämän takia hän saattoi kulkea Jumalan kanssa.

Koska Jumala on itse valo, hyvyys ja rakkaus, meissä ei saa olla ollenkaan pimeyttä vaan meidän tulee olla ylitsevuotavaisia hyvyydessä ja rakkaudessa jos me tahdomme kulkea Jumalan kanssa. Eenok piti itsensä pyhänä vaikka hän elikin syntisessä maailmassa, ja Hän toimitti Jumalan tahdon ihmisille (Juud. 1:14)

Raamattu ei sano että hän olisi tehnyt jonkin suurteon tai täyttänyt jonkin erikoisen velvollisuuden. Jumala kuitenkin otti Hänet pitääkseen hänet lähellään nopeammin koska Eenok pelkäsi Jumalaa syvällä sydämessään, vältti pahaa ja eli pyhittyneen elämän voidakseen kulkea Jumalan kanssa.

Tämän tähden Heprealaiskirje 11:5 sanoo: *"Uskon kautta otettiin Eenok pois, näkemättä kuolemaa, 'eikä häntä enää ollut, koska Jumala oli ottanut hänet pois.' Sillä ennen poisottamistaan hän oli saanut todistuksen, että hän oli otollinen Jumalalle."* Eenok omasi uskon joka oli Jumalalle mieluinen. Häntä siunattiin sallimalla hänen kulkea aina Jumalan kanssa, hänet otettiin taivaaseen kuolemaa näkemättä ja hänestä tehtiin taivaan toiseksi korkea-arvoisin henkilö.

Aabrahamia kutsuttiin Jumalan ystäväksi

Kuinka kaunis oli Aabrahamin sydän kun hän sai Jumalan ystävän nimen ja saavutti taivaan kolmanneksi korkea-arvoisimman henkilön aseman? Aabraham luotti Jumalaan täysin ja totteli Häntä kaikessa. Jättäessään kotimaansa Jumalan käskystä hän ei tiennyt määränpäätänsä, mutta siitä huolimatta hän jätti kotikaupunkinsa ja taloutensa perustan. Kun häntä käskettiin uhraamaan polttouhrina poikansa Iisak jonka hän oli saanut 100-vuotiaana, hän noudatti käskyä välittömästi. Hän luotti hyvään ja kaikkivaltiaaseen Jumalaan joka pystyi herättämään kuolleet.

Aabraham ei myöskään ollut lainkaan itsekäs. Aabraham esimerkiksi antoi veljenpoikansa Lootin valita ensin kun hänen ja veljenpoikansa omaisuus kasvoivat niin suuriksi etteivät he voineet enää pysyä yhdessä. Aabraham sanoi: *"Älköön olko riitaa meidän välillämme, minun ja sinun, älköönkä minun paimenteni ja sinun paimentesi välillä, sillä olemmehan veljeksiä. Eikö koko maa ole avoinna edessäsi? Eroa minusta. Jos sinä menet vasemmalle, niin minä menen oikealle, tahi jos sinä menet oikealle, niin minä menen vasemmalle." (Genesis 13:8-9).*

Eräässä tapauksessa useat kuninkaan yhdistivät voimansa ja he valloittivat Sodoman ja Gomorran ja ottivat haltuunsa sotasaaliina kaiken ruuan ja muun tavaran, mukaanlukien myös

Sodomassa asuneen Aabrahamin veljenpojan Lootin omistukset. Tällöin Aabraham otti 318 hänen taloudessaan syntynyttä ja harjoitettua miestä, ajoi takaa näitä kuninkaita ja toi kaikki ruuat ja omistukset takaisian. Kiitollisuuden osoituksena Sodoman kuningas tahtoi antaa osan palautetuista tavaroista Aabrahamille mutta tämä kieltäytyi. Aabraham teki tämän todistaakseen että siunaukset tulivat vain Jumalalta. Jumalaa kirkastakseen Aabraham myös noudatti uskossaan Jumalan tahtoa kristallinkirkkaalla ja kauniilla sydämellä. Tämän tähden Jumala siunasi häntä runsaasti sekä maan päällä että taivaassa.

Mooses, Exoduksen johtaja

Minkälaisen sydämen omasi sitten Exodusta johtanut Mooses, joka on taivaan neljänneksi korka-arvoisin henkilö? Moos. 4 12:3 sanoo: *"Mutta Mooses oli sangen nöyrä mies, nöyrempi kuin kukaan muu ihminen maan päällä."*

Juudaan kirje kuvailee kohtauksen jossa arkkienkeli Mikael riiteli paholaisen kanssa Mooseksen ruumiista. Tämä tapahtui sen takia että Mooseksen ansioiden tähden hänet nostettiin taivaaseen kuolemaa näkemättä. Mooseksen ollessa Egyptin prinssi hän tappoi egyptiläisen miehen joka pahoinpiteli juutalaista miestä. Tämän teon tähden paholainen sanoi että Mooseksen oli koettava kuolema.

Arkkienkeli Mikael kuitenkin kielsi tämän, sanoen että Mooses oli heittänyt pois kaiken pahan ja että hän omasi edellytykset tullakseen otetuksi suoraan taivaaseen. Matteus 17 kertoo että Mooses ja Elia tulivat taivaasta keskustelemaan

Jeesuksen kanssa. Näistä tiedoista me voimme päätellä Mooseksen ruumiin kohtalon.

Mooseksen täytyi paeta faaraon palatsista suorittamansa murhan tähden. Hän kasvatti lampaita erämaassa 40 vuoden ajan tämän jälkeen. Aavikon koettelemusten kautta Mooses karisti kaiken ylpeytensä, halunsa, sekä faaraon palatsin prinssinä omanneen vanhurskautensa. Vasta tämän jälkeen Jumala antoi hänelle tehtävän tuoda israelin kansa pois Egyptistä.

Nyt Mooseksen, joka oli tappanut miehen ja paennut maasta, täytyi palata faaraon luokse ja johtaa pois Egyptistä 400 vuotta orjina olleet juutalaiset. Tämä vaikutti mahdottomalta tehtävältä ihmisten silmissä, mutta Mooses noudatti Jumalan tahtoa ja meni faaraon eteen. Kuka tahansa ei kelvannut johtajaksi viemään miljoonia israelilaisia Egyptistä Kanaanin maahan. Tämän tähden Jumala ensin jalosti Moosesta 40 vuoden ajan aavikolla, valmistaen hänestä hyvän astian joka saattoi hyväksyä ja sietää kaikkia juutalaisia. Tällä tavoin Mooseksesta tuli koettelemusten kautta henkilö joka saattoi noudattaa Jumalan tahtoa kuolemaansa saakka, ja hän oli kykeneväinen täyttämään velvollisuutensa johtaa Exodusta. Raamattu kertoo kuinka hyvä Mooses oli:

> *Ja Mooses palasi Herran tykö ja sanoi: "Voi, tämä kansa on tehnyt suuren synnin! He ovat tehneet itselleen jumalan kullasta. Jospa nyt antaisit heidän rikoksensa anteeksi! Mutta jos et, niin pyyhi minut pois kirjastasi, johon kirjoitat." (Exodus 32:31-32)*

Mooses tiesi että hänen nimensä pyyhkiminen Elämän kirjasta ei tarkoittanut ainoastaan fyysistä kuolemaa. Mooses tiesi, että niiden nimet jotka eivät löydy Elämän kirjasta tulevat heitetyksi helvetin tuleen – ikuiseen kuolemaan – ja he tulevat kärsimään ikuisesti. Mooses oli kuitenkin valmis ottamaan osakseen ikuisen kuoleman kansansa syntien anteeksiantamisen edestä.

Mitä Jumala olisi tuntenut katsoessaan Moosesta? Jumala oli erittäin mieltynyt häneen sillä hän ymmärsi Jumalan sydäntä joka vihaa syntiä mutta tahtoo silti pelastaa syntiset; Jumala vastasi hänen rukoukseensa. Jumala piti Mooosesta kaikkia israelilaisia arvokkaampana, sillä hän omasi sydämen joka oli Jumalan silmissä oikeanlainen, yhtä puhdas ja kirkas kuin Jumalan valtaistuimesta peräisin oleva elämän vesi.

Mikä olisi sinulle kaikkein arvokkainta; täydellinen ja tahraton pavunkokoinen timantti vai sadat nyrkkikokoiset kivet? Kukaan ei vaihtaisi timanttia tavalliseen kiveen.

Joten meidän tulee ymmärtää että Jumalan sydämen saavuttanut Mooses oli arvokkaampi kuin kaikki muut isrealilaiset yhteensä, ja tämän mukaisesti meidän kaikkien tulisi omata sydän joka on kristallinkirkas ja puhdas.

Paavali, pakanoiden apostoli

Taivaan viidenneksi korkea-arvoisin henkilö on pakanoiden evankelioimiselle elämänsä omistanut apostoli Paavali. Siitä huolimatta että Paavali oli palavasti uskollinen Jumalan kuningaskunnalle aina kuolemaansa saakka, hän oli aina pahoillaan siitä että ennen kuin hän otti Herran vastaan elämäänsä hän oli vainonnut Jeesukseen Kristukseen uskovia. Tämän tähden hän tunnusti 1. Korinttolaiskirjeen luvussa 15:9 seuraavasti: *"Sillä minä olen apostoleista halvin enkä ole sen arvoinen, että minua apostoliksi kutsutaan, koska olen vainonnut Jumalan seurakuntaa."*

Paavali oli kuitenkin hyvä astia, ja Jumala valitsi hänet, jalosti häntä ja käytti häntä pakanoiden apostolina. 2. Korinttolaiskirjeestä 11:23 eteenpäin Raamattu kertoo yksityiskohtaisesti niistä monista vaikeuksista jotka hän kohtasi evankeliumia saarnatessaan, ja me voimme lukea kuinka hän kärsi niin paljon että hän jopa vieroksui itse elämää. Useasti hänet ruoskittiin ja vangittiin. Viidesti juutalaiset tuomitsivat hänet yhtä vaille neljäänkymmeneen raippaan; kolmasti hänet piiskattiin vitsoilla; kerran häntä kivitettiin; kolmasti hän haaksirikkoutui; hän vietti yön aavalla merellä; usein hän ei saanut nukkua; hän oli kokenut nälkää ja janoa ja ollut usein ilman ruokaa; hän oli ollut alasti ja kylmissään (2. Korinttolaiskirje 11:23-27).

Paavali kärsi niin paljon että hän paljasti 1. Korinttolaiskirjeen luvussa 4:9: *"Minusta näyttää, että Jumala on asettanut meidät apostolit vihoviimeisiksi, ikäänkuin kuolemaan tuomituiksi; meistä on tullut kaiken maailman katseltava, sekä enkelien että ihmisten."*

Miksi Jumala sitten salli niin monien koettelemusten kohdata kuolemaan saakka uskollista Paavalia? Jumala olisi voinut suojella Paavalia näiltä koettelemuksilta, mutta Hän tahtoi Paavalin saavan kristallinkirkkaan ja kauniin sydämen näiden koettelemusten kautta. Loppujen lopuksi Paavali ei voinut tehdä muuta kuin turvautua Jumalaan saadakseen iloa ja lohtua, kieltää itsensä kokonaan sekä omata Kristuksen täydellisen muodon. Nyt hän saattoi tunnustaa 2. Korinttolaiskirjeessä 11:28: *"Ja kaiken muun lisäksi jokapäiväistä tunkeilua luonani, huolta kaikista seurakunnista."*

Hän myös tunnusti Roomalaiskirjeessä 9:3: *"Sillä minä soisin itse olevani kirottu pois Kristuksesta veljieni hyväksi, jotka ovat minun sukulaisiani lihan puolesta."* Tällaisen kristallinkirkkaan ja puhtaan sydämen omannut Paavali sai sekä astua Uuteen Jerusalemiin että asua lähellä Jumalan valtaistuinta.

Jumalan Silmissä Kauniit Naiset

Me olemme jo luoneet katsauksen Uuden Jerusalemin ensimmäisiin pitoihin. Kun Isä Jumala astuu salin sisälle Hänen takanaan on nainen. Nainen seuraa Isä Jumalaa yllään useilla jalokivillä koristeltu, melkein maahan saakka ulottuva valkea puku. Nainen on Maria Magdalena. Hänen elinaikanaan naisten mahdollisuudet julkisiin rooleihin olivat erittäin rajoittuneita, joten hän ei pystynyt edistämään Jumalan kuningaskuntaa. Hän sai kuitenkin astua taivaan kallisarvoisimpaan paikkaan sen tähden että hän oli Jumalan silmissä erittäin kaunis.

Profeetoilla on oma arvojärjestyksensä joka määräytyy sen mukaan kuinka paljon he muistuttavat Jumalan sydäntä. Myös taivaan naisilla on oma järjestyksensä joka määräytyy sen mukaan kuinka Jumala on tunnustanut ja rakastanut heitä.

213

Minkälaisia elämiä nämä naiset sitten elivät tullakseen Jumalan tunnustamiksi ja rakastamiksi sekä taivaan kunnioitetuiksi kansalaisiksi?

Maria Magdalena tapasi ylösnousseen Herran ensimmäisenä

Nainen, jota Jumala rakastaa kaikista eniten on Maria Magdalena. Kauan aikaa hän oli sitoutunut pahuuden voimiin ja ollut muiden halveksunnan ja vieroksunnan kohde sekä kärsinyt useista sairauksista. Eräänä vaikeana päivänä hän kuuli Jeesuksesta, sekoitti kalliin hajustesekoituksen ja meni Hänen luokseen. Maria kuuli että Jeesus oli saapunut erääseen fariseuksen taloon ja hän meni tämän talon luokse. Hän ei kuitenkaan uskaltanut astua Herran esiin vaikka hän olikin odottanut Hänen kohtaamista kauan aikaa. Maria meni Hänen taakseen, kasteli Hänen jalkansa kyynelillään, pyyhki ne hiuksillaan ja kaatoi parfyymin Hänen jaloilleen. Tästä hetkestä lähtien hän rakasti Jeesusta ja seurasi Häntä mihin tahansa Hän menikin, ja hänestä tuli kaunis nainen joka omisti koko elämänsä Hänelle (Luukas 8:1-3).

Maria seurasi Jeesusta jopa silloin kun Hänet ristiinnaulittiin ja Hän veti viimeisen henkäyksensä vaikka Maria tiesikin että hänen läsnäolonsa saattaisi maksaa myös hänen oman elämänsä. Maria ei ainoastaan maksanut takaisin saamaansa armoa vaan hän seurasi Jeesusta, omistaen Hänelle kaiken, jopa oman elämänsä.

Jeesusta niin kovin rakastaneesta Maria Magdalenasta

tuli ensimmäinen henkilö joka tapasi Herran Hänen ylösnousemuksensa jälkeen. Hänestä tuli ihmiskunnan historian suurin nainen sillä hän omasi niin hyvän sydämen ja niin kauniita tekoja että tämä kosketti jopa Jumalaa.

Neitsyt Maria siunattiin synnyttämään Jeesus

Toinen nainen joka oli Jumalan silmissä erittäin kaunis on Neitsyt Maria. Häntä siunattiin antamalla hänen synnyttää Jeesus josta tuli aikanaan koko ihmiskunnan Pelastaja. Noin 2,000 vuotta sitten Jeesus tuli lihaksi sovittaakseen koko ihmiskunnan synnit. Tämän toteenkäymiseksi tarvittiin Jumalan silmissä kaunis nainen. Maria, joka tuolloin oli kihlattu Joosefiin, tuli valituksi. Jumala antoi hänen tietää etukäteen arkkienkeli Gabrielin kautta että hän oli synnyttävä Jeesuksen Pyhän Hengen avulla. Maria ei ajatellut asiaa ihmisajatusten avulla vaan sen sijaan hän tunnusti rohkeasti: *"Katso, minä olen Herran palvelijatar; tapahtukoon minulle sinun sanasi mukaan" (Luukas 1:26-38).*

Tähän aikaan oli tapana että jos neitsyt tuli raskaaksi hänet sekä häpäistiin julkisesti että kivitettiin kuoliaaksi Mooseksen Lain mukaisesti. Maria kuitenkin uskoi sydämessään että Jumalalle mikään ei ole mahdotonta, ja hän pyysi että kaikki tapahtuisi niinkuin hänelle oli ilmoitettu. Hänen sydämensä oli hyvä, ja hän noudatti Jumalan Sanaa vaikka se saattoikin maksaa hänelle elämänsä. Kuinka onnellinen ja kiitollinen hänen onkaan täytynyt olla kun hän synnytti Jeesuksen, tai kun hän seurasi kuinka Hän kasvoi Jumalan voimalla. Tämä oli suuri siunaus joka tuli Marian, pelkän luodun olennon, osaksi.

Tämän takia Maria oli hyvin onnellinen kun hän pelkästään katsoi Jeesusta, ja hän palveli ja rakasti Häntä enemmän kuin omaa elämäänsä. Täten Jumala siunasi neitsyt Mariaa runsaasti, ja hän sai osakseen ikuisen kunnian Maria Magdalenan rinnalla taivaan naisten joukossa.

Ester ei pelännyt mitään Jumalan tahdon tähden

Ester pelasti kansansa urheasti uskolla ja rakkaudella, ja hänestä tuli Jumalan silmissä kaunis nainen joka saavutti taivaan kaikista kunniallisimman aseman.

Sen jälkeen kun Persian kuningas Xerxes otti kuningatar Vastin aseman pois, Ester valittiin usean kauniin naisen joukosta kuningattareksi siitä huolimatta että hän oli juutalainen. Kuningas ja useat ihmiset rakastivat häntä, sillä hän ei ollut ylpeä tai asultaan räikeä, vaan hän koristautui puhtaasti ja vaatimattomasti vaikka hän olikin jo erittäin kaunis.

Hänen ollessaan kuninkaallisessa asemassa suuri kriisi kohtasi juutalaisia. Kuninkaan suosima Haaman oli vihastunut Mordokai-nimiseen juutalaiseen joka ei suostunut kumartumaan hänen edessään tai osoittamaan hänelle kunnioitusta. Joten Haaman keksi suunnitelman jonka avulla hän pystyisi tuhoamaan kaikki Persian juutalaiset, ja kuningas antoi hänelle luvan panna tämä suunnitelma toimeen.

Ester paastosi kolmen päivän ajan kansansa puolesta, ja hän päätti mennä kuninkaan eteen (Ester 4:16). Tuonaikaisen Persian lain mukaan kuka tahansa joka astui kutsumatta kuninkaan eteen oli pantava kuolemaan ellei kuningas ojentanut kultaista valtikkaansa tätä henkilöä kohti. Kolmipäiväisen paastonsa jälkeen Ester luotti Jumalaan ja astui kuninkaan eteen päätöksineen, *"Jos tuhoudun, niin tuhoudun."* Jumalan väliintulon ansiosta juonia punonut Haaman tuli itse tapetuksi. Ester ei ainoastaan pelastanut kansaansa, vaan hänen kuninkaansakin rakasti häntä aiempaa enemmän.

Esterin tunnustettiin olevan kaunis nainen, ja hän saavutti kunniallisen aseman taivaassa sillä hän oli vahva totuudessa ja hänellä oli rohkeutta antaa oma elämänsä jos se olisi ollut Jumalan tahto.

Ruutilla oli kaunis ja hyvä sydän

Syventykäämme seuraavaksi Ruutin elämään. Myös Ruutin tunnustetaan olevan kaunis nainen Jumalan silmissä ja hänestä on tullut yksi taivaan suurimmista naisista. Minkälaisen sydämen Ruut sitten omasi miellyttääkseen Jumalaa niin paljon ja tullakseen niin siunatuksi?

Ruut oli mooabilainen ja hän oli naimisissa juutalaisen kanssa jonka perhe oli muuttanut Mooabiin nälänhädän takia. Pian Ruut kuitenkin menetti aviomiehensä. Myös kaikki muut perheen miehet kuolivat ennenaikaisesti, ja niin Ruut asui yhdessä anoppinsa Noomin ja kälynsä Orpan kanssa. Noomi oli huolissaan heidän tulevaisuudestaan ja hän ehdotti miniöilleen että nämä palaisivat takaisin perheidensä luokse. Orpa jätti Noomin kyynelsilmin mutta Ruut jäi, tehden seuraavan tunteellisen tunnustuksen:

217

Älä vaadi minua jättämään sinua ja kääntymään takaisin, pois sinun tyköäsi. Sillä mihin sinä menet, sinne minäkin menen, ja mihin sinä jäät, sinne minäkin jään; sinun kansasi on minun kansani, sinun Jumalasi on minun Jumalani.

Koska Ruut omasi tämänkaltaisen kauniin sydämen, hän ei koskaan ajatellut omaa etuaan vaan seurasi ainoastaan hyvyyttä vaikka se saattoikin tuoda hänelle harmeja. Hän suoritti velvollisuutensa palvelemalla onnellisesti anoppiaan.

Se, että Ruut palveli anoppiaan oli niin kaunis teko että koko kylä oli tietoinen hänen uskollisuudestaan ja he rakastivat häntä sen takia. Lopulta hän nai anoppinsa avulla Booanimisen miehen. Hän synnytti pojan ja oli kuningas Daavisin isoisoäiti (Ruut 4:13-17). Lisäksi Ruutia siunattiin niin, että hän sai kuulua Jeesuksen sukupuuhun siitä huolimatta ettei hän ollutkaan juutalainen (Matteus 1:5-6), ja hänestä tuli yksi taivaan kauneimmista naisista Esterin jälkeen.

Maria Magdalena Asuu Jumalan Valtaistuimen Lähellä

Minkä tähden Jumala sitten antaa meidän kuulla Uuden Jerusalemin ensimmäisistä pidoista ja profeettojen ja naisten arvojärjestyksestä? Rakkauden Jumala ei ainoastaan tahdo että kaikki ihmiset pelastuisivat ja saavuttaisivat taivaan kuningaskunnan, vaan Hän myös tahtoo heidän olevan Hänen sydämensä kaltaisia niin että he voisivat asua lähellä Hänen valtaistuintaan Uudessa Jerusalemissa.

Jotta me voisimme ottaa vastaan kunnian asua lähellä Jumalan valtaistuinta Uudessa Jerusalemissa, meidän sydämiemme tulee olla Hänen kristallinkirkkaan ja kauniin sydämensä kaltaisia. Meidän tulee saavuttaa kaunis sydän joka on Uuden Jerusalemin muurien perustusten kaltainen.

Joten tästä eteenpäin me syvennymme Maria Magdalenan elämään. Hän palvelee Jumalaa asuen Hänen valtaistuimensa lähellä Uudessa Jerusalemissa. Rukoillessani "Johanneksen Evankeliumin"-luentosarjan puolesta minä sain Pyhän Hengen inspiroimana tietää paljon Maria Magdalenan elämästä. Jumala paljasti minulle minkälaiseen perheeseen Maria Magdalena syntyi, kuinka hän eli ja kuinka onnellista hänen elämänsä oli sen jälkeen kun hän kohtasi Jeesus Pelastajan. Minä toivon että sinä seuraat sekä hänen kaunista ja hyvää sydäntään joka otti vastuun kaikesta pahasta, että hänen uhrautuvaista rakkautta Herraa kohtaan, jotta sinäkin saisit osaksesi kunnian asua lähellä Herran valtaistuinta.

Hän syntyi vääriä jumalia palvovaan perheeseen

Hän sai nimen "Maria Magdalena" koska hän syntyi Magdalena-nimiseen kylään joka oli täynnä epäjumalanpalvojia. Hänen perheensä ei ollut poikkeus. Hänen perheensä yllä oli sukupolvien ylitse jatkuva kirous joka johtui epäjumalanpalvonnasta ja perheellä oli useita ongelmia.

Maria Magdalena syntyi pahimpiin hengellisiin olosuhteisiin, eikä hän voinut syödä kunnolla ruuasulatusvaivojen tähden. Koska hän oli suurimman osan ajasta fyysisesti heikko, hänen kehonsa oli altis erilaisille sairauksille. Jopa hänen kuukatisensa lakkasivat nuorella iällä ja hän siten menetti mahdollisuuden yhteen naisen tärkeimmistä rooleista. Tämän johdosta hän pysyi aina talossaan ja hän alensi itsensä niin että oli kuin hän ei olisi edes ollut olemassa. Maria ei kuitenkaan koskaan valittanut vaikka hänen koko perheensä halveksui ja kohteli häntä kylmästi. Sen sijaan hän ymmärsi heitä ja yritti toimia voiman lähteenä heille, ottaen vastuun pahoista asioista. Kun Maria ymmärsi ettei hän ollut perheelle voimanlähde vaan taakka, hän jätti perheensä. Hän ei tehnyt tätä sen tähden että hän olisi vihannut tai halveksinut heitä, vaan sen tähden ettei hän tahtonut olla heille taakkana.

Yrittäen parhaansa, kantaen syyn päällään

Maria tapasi miehen ja yritti olla tämän kanssa, mutta mies oli erittäin paha sydämeltään. Hän ei yrittänyt tukea perhettä vaan pelasi sen sijaan uhkapelejä. Hän pyysi Maria Magdalenaa tuomaan hänelle lisää rahaa, huutaen ja pahoinpidellen tätä usein.

Maria Magdalena alkoi ommella etsiessään säännöllistä tulonlähdettä. Koska hän oli kuitenkin luonnostaan heikko ja hän lisäksi työskenteli koko päivän, hänestä tuli yhä heikompi ja hänen täytyi turvautua muiden apuun tahtoessaan liikkua. Vaikka Maria elättikin miestäystäväänsä tämä ei kuitenkaan ollut hänelle lainkaan kiitollinen vaan ainostaan halveksui ja alensi

Mariaa. Maria Magdalena ei vihannut miestä vaan oli ainoastaan pahoillaan sen johdosta ettei hän voinut auttaa miestä enemmän heikon ruumiinsa tähden, ja hän piti sitä vain normaalina että mies kohteli häntä kaltoin.

Marian ollessa tässä epätoivoisessa tilanteessa; vanhempiensa, veljiensä ja miehensä hylkäämänä, hän kuuli iloisia uutisia. Hän kuuli Jeesuksesta joka teki ihmetöitä, antaen sokeille näön ja mykille äänen. Maria Magdalenan kuullessa näistä asioista hän ei hetkeksikään epäillyt etteikö Jeesus olisi tehnyt näitä tekoja ja näyttänyt merkkejä, sillä hänen sydämensä oli hyvä. Epäilemisen sijaan hän uskoi että hänen heikkoutensa ja sairautensa paranisivat kun hän kohtaisi Jeesuksen.

Uskossaan hän odotti tapaavansa Jeesuksen. Lopulta hän kuuli että Jeesus oli saapunut hänen kyläänsä ja että Hän yöpyi Simeon-nimisen fariseuksen talossa.

Kaataen hajuvettä uskossa

Maria Magdalena oli niin onnellinen että hän osti hajuvettä ompelutöistään säästämillä rahoilla. On mahdotonta kuvailla niitä tunteita jotka velloivat hänen sisällään kun hän lopulta kohtasi Jeesuksen.

Ihmiset yrittivät estää häntä lähestymästä Jeesusta hänen huonojen vaatteidensa tähden mutta kukaan ei pystynyt pysäyttämään häntä. Ihmisten toruvista katseista välittämättä Maria Magdalena meni Jeesuksen eteen ja vuodatti lukemattomia kyyneliä nähdessään Hänen lempeän hahmonsa.

Hän ei tohtinut mennä Jeesuksen eteen joten hän pysyi

Hänen selkänsä takana. Hän vuodatti lisää kyyneleitä ollessaan Hänen jaloissaan, kastellen ne kyynelillään. Hän kuivasi Jeesuksen jalat hiuksillaan ja rikkoi hajusteruukun sinetin kaataakseen sen sisällön Jeesuksen jaloille. Niin kallisarvoinen Hän oli Marialle.

Maria Mgdalena meni Jeesuksen eteen täysin vilpitömänä. Tämän tähden hän ei vain saanut syntejään anteeksi vaan hän tuli myös ihmeellisesti parantuneeksi niin sisäisistä sairauksistaan kuin ihotaudeistaankin. Kaikki hänen kehon osansa alkoivat taas toimia normaalisti, ja hänen kuukautisensakin alkoivat uudelleen. Hänen ennen tautien johdosta niin kauhealta näyttäneet kasvonsa täyttyivät ilolla ja onnella, ja hänen ennen niin heikko kehonsa tuli terveeksi. Hän löysi uudelleen arvonsa naisena, eikä hän enää ollut sidottu pimeyteen.

Jeesuksen seuraaminen loppuun saakka

Maria Magdalena koki jotakin josta hän oli parantumistaankin kiitollisempi. Tämä jokin oli sellaisen henkilön kohtaaminen joka tunsi sellaista ylitsevuotavaista rakkautta häntä kohtaan mitä hän ei ollut koskaan saanut osaksensa keneltäkään muulta. Tästä eteenpäin hän omisti koko elämänsä ja kaikki tunteensa Jeesukselle ilolla ja kiitollisuudella. Parantuneen terveytensä ansiosta hän saattoi tukea Jeesusta ompelemalla ja tekemällä muita töitä, ja hän seurasi Häntä koko sydämellään.

Maria Magdalena ei seurannut Jeesusta ainoastaan silloin kun Hän suoritti ihmetekoja, näytti merkkejä ja muutti ihmisten elämiä voimallisilla viestillään. Hän oli Jeesuksen kanssa myös silloin kun Hän kärsi roomalaisten sotilaiden käsissä ja kantoi ristiä. Maria oli paikalla jopa silloin kun Jeesus naulittiin ristille. Maria Magdalena seurasi ristiä kantavaa Jeesusta Golgatalle saakka siitä huolimatta että se olisi voinut maksaa hänelle henkensä.

Miltä hänestä olisi tuntunut kun hänen niin kovasti rakastamansa Jeesus kärsi kovista kivuista vertavuotaen?

Herra, mitä minä tekisin,
mitä minä teen?
Herra, kuinka minä voin elää?
Kuinka minä voin elää ilman Sinua, Herra?

...

Voisinpa kerätä veren
joka Sinusta on vuotanut,
voisinpa ottaa kivun
josta Sinä kärsit.

...

Herra,
minä en voi elää ilman Sinua
minä en voi elää
ellen ole kanssasi.

Maria Magdalena ei kääntänyt katsettaan pois Jeesuksesta ennenkuin Hän henkäisi viimeisen kerran. Hän yritti säilöä Jeesuksen silmien pilkkeen ja Hänen kasvojensa muodon syvälle sydämeensä. Hän oli Jeesuksen luona loppuun saakka ja seurasi Joosef Arimatialaista joka vei Jeesuksen ruumiin hautaan.

Ylösnouseen Jeesuksen kohtaaminen aamunkoitteessa

Maria Magdalena odotti kunnes sapatti päättyi. Aikaisin sapattia seuranneen päivän aamunkoitteessa hän meni haudalle valellakseen Jeesuksen ruumiin hajusteilla. Hän ei kuitenkaan löytäyt Jeesuksen ruumista. Tämä sai hänet hyvin surulliseksi ja hän alkoi itkeä, mutta sitten kuolleista herännyt Herra ilmestyi hänelle. Täten hän sai omakseen kunnian olla ensimmäinen henkilö joka kohtasi ylösnousseen Herran.

Maria ei voinut uskoa että Jeesus olisi kuollut edes sen jälkeen kun hän näki Hänen kuolevan ristillä. Jeesus oli hänen kaikkensa ja hän rakasti Herraa erittän paljon. Kuinka iloinen hänen onkaan täytynyt olla kohdattuaan ylösnousseen Herran niin surullisissa olosuhteissa! Hän ei pystynyt estämään ilon kyyneleitään. Hän ei tunnistanut Herraa heti alkuun, mutta kun Herra sanoi "Maria" lempeällä äänellään, Maria vihdoin tunnisti Hänet. Joh. 20:17 kertoo meille, että ylösnoussut Herra sanoi hänelle seuraavasti: *"Älä minuun koske, sillä en minä ole vielä mennyt ylös Isäni tykö; mutta mene minun veljieni tykö ja sano heille, että minä menen ylös, minun Isäni tykö ja teidän Isänne tykö, ja minun Jumalani tykö ja teidän Jumalanne tykö."* Herra näyttytyi Maria Magdalenalle ennenkuin Hän tapasi

Isän kuolleista heräämisen jälkeen, sillä niin paljon Hän Mariaa rakasti.

Levittäminen uutista Jeesuksen ylösnousemisesta

Voitko edes kuvitella kuinka iloinen Maria Magdalenan onkaan täytynyt olla kohdatessaan hänen niin rakastaman ylösnousseen Herran? Hän tunnusti haluavansa pysyä Herran kanssa yhdessä ikuisesti. Herra tiesi mitä hänen sydämessään oli, mutta Hän selitti Marialle ettei hän voinut pysyä Hänen luonaan. Sen sijaan Jeesus antoi Marialle tehtävän. Hänen tuli kertoa uutinen Jeesuksen ylösnousemuksesta Hänen opetuslapsilleen, sillä he tarvitsivat mielenrauhaa ja lohdutusta Jeesuksen ristiinnaulitsemisen aiheuttaman järkytyksen jälkeen.

Joh 20:18 kertoo, että: *"Maria Magdaleena meni ja ilmoitti opetuslapsille, että hän oli nähnyt Herran ja että Herra oli hänelle näin sanonut."* Ei ole mikään yhteensattuma että Maria Magdalena kohtasi ylösnousseen Herran ensimmäisenä ja että hän ilmoitti uutisen opetuslapsille. Tämä tapahtui sen ansiosta että hän oli ollut niin omistautunut Herralle ja palvellut Häntä rakkaudessaan palavalla sydämellä.

Maria olisi ollut ensimmäinen vastaamaan myöntävästi ja astumaan esiin jos Pilatus olisi kysynyt oliko ketään joka olisi mennyt Jeesuksen tilalle ristille. Maria Magdalena rakasti Jeesusta enemmän kuin omaa elämäänsä, ja hän palveli Häntä täysin omistautuneena.

Isä Jumalan palvelemisen kunnia

Jumala oli erittäin mieltynyt Maria Magdalenaan joka omasi sekä hyvän sydämen jossa ei ollut lainkaan pahaa, että täydellisen hengellisen rakkauden. Maria Magdalena rakasti Jeesusta muuttumattomalla ja aidolla sydämellä aina siitä lähtien kun hän tapasi Hänet. Isä Jumala, joka otti vastaan hänen hyvän ja kauniin sydämensä, tahtoi asettaa hänet lähellensä jotta Hän voisi tuntea Marian sydämen hyvän ja suloisen tuoksun. Tämän tähden, kun aika vihdoin tuli, Hän salli Maria Magdalenan saada kunnian palvella Häntä ja jopa koskettaa Hänen valtaistuintaan.

Isä Jumala ei halua mitään niin paljon kuin saada uskollisia lapsia joiden kanssa Hän voi jakaa aidon rakkautensa ikuisiksi ajoiksi. Tämä tähden Hän suunnitteli ihmisten kasvattamisen, muodosti itsestään Kolminaisuuden ja on nyt odottanut erittäin kauan aikaa ihmisten ollessa maan päällä.

Taivaallisten asuinsijojen ollessa valmiita Herra tulee ilmestymään ilmojen halki, ja Hän tulee osallistumaan hääjuhliin morsioidensa kanssa. Hän antaa heidän hallita maailmaa Hänen kanssaan tuhannen vuoden ajan, ja sitten Hän johdattaa heidät heidän taivaallisiin asuisijoihinsa. Me saamme elää Kolminaisen Jumalan kanssa täydellisessä ilossa ja onnessa ikuisuuden ajan taivaassa, joka on yhtä kaunis, kirkas ja puhdas kuin kristalli ja täynnä Jumalan kirkkautta. Kuinka onnellisia tulevatkaan ne ihmiset olemaan jotka saavat astua Uuteen Jerusalemiin, sillä he saavat nähdä Jumalan kasvoista kasvoihin ja asua Hänen kanssaan ikuisesti!

Kaksituhatta vuotta sitten Jeesus kysyi: *"Kuitenkin, kun Ihmisen Poika tulee, löytäneekö hän uskoa maan päältä?"* (Luukas 18:8). Nykyaikana uskon löytäminen on erittäin vaikeaa.

Pakanoiden lähetystyötä johtanut apostoli Paavali kirjoitti kirjee Timoteukselle hieman ennen kuolemaansa. Timoteus oli hänen hengellinen poikansa joka kärsi harhaoppien vaikutuksesta ja kristittyjen vainoamisesta.

Minä vannotan sinua Jumalan ja Kristuksen Jeesuksen edessä, joka on tuomitseva eläviä ja kuolleita, sekä hänen ilmestymisensä että hänen valtakuntansa kautta: saarnaa sanaa, astu esiin sopivalla ja sopimattomalla ajalla, nuhtele, varoita, kehoita, kaikella pitkämielisyydellä ja opetuksella. Sillä aika tulee, jolloin he eivät kärsi tervettä oppia, vaan omien himojensa mukaan korvasyyhyynsä haalivat itselleen opettajia ja kääntävät korvansa pois totuudesta ja kääntyvät taruihin. Mutta ole sinä raitis kaikessa, kärsi vaivaa, tee evankelistan työ, toimita virkasi täydellisesti. Sillä minut jo uhrataan, ja minun lähtöni aika on jo tullut. Minä olen hyvän kilvoituksen kilvoitellut, juoksun päättänyt, uskon säilyttänyt. Tästedes on minulle talletettuna vanhurskauden seppele, jonka Herra, vanhurskas tuomari, on antava minulle sinä päivänä, eikä ainoastaan minulle, vaan myös kaikille, jotka hänen ilmestymistään rakastavat (2. Timoteus 4:1-8).

Jos sinä unelmoit taivaasta ja odotat Herran paluuta, niin sinun tulee yrittää elää Jumalan Sanan mukaan ja taistella asian puolesta. Apostoli Paavali iloitsi joka tilanteessa vaikka hän kärsikin niin kovasti levittäessään ilosanomaa.

Joten meidän tulee myös pyhittää sydämemme ja suorittaa velvollisuutemme paremmin kuin mitä meiltä odotetaan voidaksemme miellyttää Jumalaa ja voidaksemme tulla osalliseksi todellisesta rakkaudesta Jumalan valtaistuimen lähistöllä asumisen kautta.

Herrani,
Joka tulee
kirkkauden pilvissä,
minä odotan päivää
Jolloin Sinä syleilet minua!
Kirkkaan valtaistuimesi luona,
me saamme tulla osalliseksi rakkaudestasi,
jota emme saaneet kokea maan päällä,
ja me muistelemme menneitä yhdessä.
Oi! Minä menen taivaalliseen kuningaskuntaan tanssien
kun Herra minua kutsuu!
Oi taivaallinen kuningaskunta!

Kirjailija
Dr. Jaerock Lee

Dr. Jaerock Lee syntyi Muan'issa Jeonnam provinssissa, Korean Tasavallassa vuonna 1943. Kaksikymmenvuotiskautenaan Dr. Lee kärsi useista parantumattomista sairauksista seitsemän vuotta ja odotti kuolemaa ilman toivoa paranemisesta. Kuitenkin, eräänä kevätpäivänä 1974, hänen sisarensa vei hänet kirkkoon. Hänen polvistuessaan rukoilemaan elävä Jumala välittömästi paransi hänet kaikista hänen sairauksistaan.

Siitä hetkestä alkaen, jolloin Dr. Lee kohtasi elävän Jumalan tuon ihmeellisen kokemuksen kautta, hän on rakastanut Jumalaa koko sydämellään ja rehellisyydellään ja kutsuttiin vuonna 1978 Jumalan palvelijaksi. Hän rukoili kiihkeästi oppiakseen ymmärtämään Jumalan tahtoa ja saavutti sen täysin, sekä noudatti Jumalan kaikkia sanoja. Vuonna 1982 hän perusti Manmin kirkon Seoul'iin ja lukemattomia Herran töitä, mukaanlukien ihmeparantumisia ja ihmeitä, on tapahtunut hänen kirkossaan.

Vuonna 1986 Dr. Lee vihittiin papiksi Jeesuksen Sungkyal kirkon vuosikokouksessa Koreassa ja neljä vuotta myöhemmin hänen saarnojansa alettiin lähettää Australiaan, USAhan, Venäjälle, Filippiineille, ja muualle Far East Broadcasting Company'n, Asia Broadcast Station'in ja Washington Christian Radio System'in kautta.

Kolme vuotta myöhemmin 1993 Manmin Central Church valittiin yhdeksi "Maailman 50 parhaaksi kirkoksi" Christian World lehden (Amerikka) toimesta ja hän vastaanotti jumaluusopin kunniatohtorin arvon Christian Faith College'sta, Florida'ssa, USA'ssa, ja vuonna 1996 tohtorinarvon pappeudessa Kingsway Theological Seminary'sta, Iowa'ssa, USA'ssa.

Vuodesta 1993 Dr. Lee on johtanut maailmanlähetystä monilla ulkomaan ristiretkillä, Tansaniassa, Argentiinassa, Ugandassa, Japanissa, Pakistanissa, Keniassa, Filippiineillä, Hondurasissa, Intiassa, Venäjällä, Saksassa, Perussa, Kongon Demokraattisesa Tasavallassa, ja New Yorkissa Amerikassa. Vuonna 2002 hänet nimitettiin "maailmanlaajuiseksi pastoriksi" Korean johtavien kristillisten lehtien toimesta hänen ulkomaisilla ristiretkillä tekemänsä työn johdosta.

Elokuu 2014 Manmin Central Church seurakunnassa oli yli 120.000 jäsentä ja 10.000 kotimaista ja ulkomaista sivukirkkoa ympäri maapalloa. Kirkko on tähän mennessä lähettänyt yli 123 lähettilästä 23 maahan, mukaanlukien Yhdysvallat, Venäjä, Saksa, Kanada, Japani, Kiina, Ranska, Intia, Kenia, ja monta muuta maata.

Tähän päivään mennessä Dr. Lee on kirjoittanut 93 kirjaa, mukaan lukien bestsellerit *Ikuisen Elämän Maistaminen Ennen Kuolemaa, Minun Elämäni, Minun Uskoni I & II, Ristin Sanoma, Uskon Mitta, Henki Sielu ja Ruumis, Taivas I & II, Helvetti* sekä Jumalan Voima. Hänen teoksiaan on käännetty yli 76 kielelle.

Dr. Lee on nykyisin perustaja ja presidentti lukuisissa lähetysorganisaatioissa ja yhdistyksissä. Hän on puheenjohtaja, The United Holiness Church of Jesus Christ; presidentti, Manmin World Mission; perustaja & johtokunnan puheenjohtaja, Global Christian Network (GCN); perustaja & johtokunnan puheenjohtaja, The World Christian Doctors Network (WCDN); ja perustaja & johtokunnan puheenjohtaja, Manmin International Seminary (MIS).

Taivas I: Kristallinkirkas ja Kaunis

Yksityiskohtainen luonnos ihanasta elinympäristöstä, josta taivaalliset kansalaiset nauttivat Jumalan kunnian keskellä ja kuvaus koko taivaasta, joka muodostuu viidestä tasosta taivaallisia valtakuntia.

Ristin Sanoma

Voimallinen herätysviesti kaikille niille jotka ovat hengellisesti nukuksissa. Tästä kirjasta sinä löydät Jumalan todellisen rakkauden ja syyn siihen että Jeesus on Pelastaja.

Minun Elämäni, Minun Uskoni I & II

Dr. Jaerock Leen omaelämäkerta, joka välittää lukijoilleen kauniin hengellisen aromin. Leen elämän on perustunut Jumalan rakkauteen hänen kerran koettua pimeyden tummat aaallot, sen kylmän ikeen ja syvimmän epätoivon.

Helvetti

Vilpitön viesti koko ihmiskunnalle Jumalalta, joka ei tahdo yhdenkään sielun joutuvan helvetin syvyyksiin! Sinä löydät koskaan aikaisemmin paljastamattoman kuvauksen Helvetin julmasta todellisuudesta.

Uskon Mitta

Minkälainen asuinsija sinulle on valmistettu taivaaseen ja minkälaiset palkkiot odottavat sinua siellä? Tämä kirja antaa sinulle viisautta ja ohjeistusta jotta sinä voisit mitata uskosi määrän ja kasvattaa uskostasi syvemmän ja kypsemmän.